EDER VASCONCELOS
EMERSON APARECIDO RODRIGUES

O contemplar e o caminhar

A mística descoberta no cotidiano

EDITORA
SANTUÁRIO

Dados Internacionais de Catalogação na Publicação (CIP) de acordo com ISBD

V331c Vasconcelos, Eder

O contemplar e o caminhar: a mística descoberta no cotidiano / Eder Vasconcelos, Emerson Aparecido Rodrigues. - Aparecida : Editora Santuário, 2021.
104 p. ; 14cm x 21cm.

Inclui bibliografia, índice e anexo.
ISBN: 978-65-5527-121-8

1. Religião. 2. Oração. 3. Mística. 4. Espiritualidade. I. Rodrigues, Emerson Aparecido. II. Título.

CDD 200
2021-3029 CDU 2

Elaborado por Vagner Rodolfo da Silva - CRB-8/9410

Índice para catálogo sistemático:
1. Religião 200
2. Religião 2

1ª impressão

Rua Pe. Claro Monteiro, 342 – 12570-000 – Aparecida-SP
Tel.: 12 3104-2000 – Televendas: 0800 - 0 16 00 04
www.editorasantuario.com.br
vendas@editorasantuario.com.br

"É místico aquele ou aquela que
não pode deixar de caminhar."

Michel de Certeau

Prefácio

Convite para uma viagem de amor

Marcelo Barros
Monge beneditino e teólogo

A tradição judaica conta a história do velho rabino Baruc que tinha um netinho de três anos: Yehiel.

"Um dia, o menino precipitou-se em lágrimas no quarto do avô. Esse lhe perguntou:

– Yehiel, por que você está chorando?

– Meu amigo deu o fora. Nós estávamos brincando de esconder. E, de repente, ele parou de brincar. Foi embora e me deixou escondido.

Comovido, o rabino acariciou a cabeça da criança e as lágrimas lhe correram nos olhos:

– "Deus também, Yehel, sofre. Ele se esconde e o ser humano não o procura. Você compreende, Yehel, Deus está escondido, esperando que o procuremos"[1].

Se a criança perguntasse como podemos procurar Deus ou onde ele está escondido, certamente, o rabino teria de explicar que Deus se esconde e, ao mesmo tempo, revela-

---

[1] WIESEL, ELIE, *Célébration hassidique, II,* Le Seuil, 1972; citado em Jésus, n. 70. septembre 1991, p. 46.vv.

-se. E essa busca radical da presença e da intimidade divina é fenômeno universal. Floresce em todas as religiões e em todos os caminhos espirituais como experiência de intimidade com o divino. Em geral, nas religiões existem e convivem entre si três níveis ou três caminhos de mística:

1. A mística do Mistério Divino no cosmos

Na antiguidade, desenvolveu-se a astrologia e a adoração dos astros. As religiões negras e indígenas sempre encontram Deus na comunhão com suas manifestações no rio, na pedra, nas folhas, no vento e assim por diante... Nesses tempos de profunda crise ecológica e de civilização, um dos livros que provocou grande impacto, mesmo no mundo secularizado da Europa, foi o testemunho místico e profundo de Davi Kopenawa, Xamã do povo Yanomami, no norte da Amazônia, que conta como os Xapiris, espíritos da floresta, dançam na mata para refazer a unidade do universo[2].

2. A mística do eu – da interioridade radical

Cada vez mais é maior o número de pessoas que descobrem a presença divina no próprio eu humano. Além de várias correntes orientais, no próprio cristianismo, vários autores, como Roger Leaners e o bispo anglicano John Shelby Spong, propõem uma espiritualidade ateísta (não ateia ou antiteísta), na qual Deus é contemplado como

---

[2] Cf. KOPENAWA, DAVI e ALBERT, BRUCE, *A queda do céu, Palavras de um xamã yanomami,* São Paulo, Ed. Companha das Letras, 2013.

uma dimensão divina dentro da gente[3]. A mística é fazer aflorar a parte divina que existe em nós. Dietrich Bonhoeffer e depois toda a Teologia da Libertação insistem que essa presença divina em cada pessoa é mais bem contemplada no outro. Bonhoeffer insistia: "O Cristo que está em mim está em mim para você, e o Cristo que está em você está em você para mim". Nós encontramos essa presença divina uns nos outros.

3. A mística do absoluto

De alguma forma, todas as tradições espirituais sustentam uma dialética espiritual entre o Deus que existe independente de nós e sua manifestação em nosso interior. No judaísmo e cristianismo, Deus é inefável. A Bíblia diz: "habita em uma luz inacessível". A Bíblia pouco se refere a Deus em si mesmo. Sempre fala de "Palavra de Deus", "Anjo do Senhor", "Glória do Senhor". Quando fala em uma presença de Deus, o texto hebraico prefere dizer: "em presença", como acentuando que nunca atingimos diretamente o mistério.

A filósofa e mística cristã Simone Weil resume bem: "Deus é mistério e revela-se progressivamente. Quanto mais longe fores no conhecimento de Deus, mais descobrirás que o mistério permanece e se adensa, e maior será o desejo de o conheceres mais ainda. Se há verdadeiramente desejo, se o objeto do desejo é verdadeiramente a luz, o desejo da luz produz a luz".[4]

---

[3] Cf. VIGIL, JOSÉ MARIA, LAENERS, R, SPONG, J. S, e outros, *Oltre le Religioni,* Verona, Ed. Gabrielli, 2016.

[4] S. WEIL, *Attente de Dieu,* p. 73.

Este livro "O contemplar e o caminhar: a mística descoberta no cotidiano" é um convite para aprofundarmos esse assunto. De modo simples, didático e profundo, os autores Eder Vasconcelos e Emerson Aparecido Rodrigues nos introduzem nos caminhos da mística universal. O primeiro capítulo nos fala da Mística e seus desdobramentos. Explica como a mística de olhos fechados não se opõe à mística de olhos abertos, ainda que uma ressalte mais um aspecto do mistério e outra insista mais na inserção desse caminho na realidade do mundo e da vida. O segundo capítulo aprofunda a Mística do Despertar interior. Parte de Thomas Merton para mostrar que é Deus que nos desperta e provoca esse avivamento interior. E conclui: "A mística é experiência de um despertar interior que se prolonga em uma atitude de amor e compaixão por todos os seres vivos" (p. 48).

O terceiro capítulo aprofunda as bases da Teologia Mística. Enquanto na tradição ocidental nem sempre essa relação entre Teologia e Mística era muito clara, na tradição oriental, desde Dionísio Aeropagita (século III e IV), a teologia deve sempre ser iniciada pela atitude de oração. O teólogo jesuíta Hans Urs Von Balthasar (1905-1988) falava de uma *"teologia genuflexa"*, ou uma teologia feita de joelhos. Uma teologia rezada. "Somente uma teologia nesses moldes poderá compreender a essência da vida mística" (p. 64).

Ao mostrar que a Mística não é privilégio de alguns espirituais extraordinários, mas de qualquer pessoa apaixonada, Eder Vasconcelos e Emerson Aparecido Rodrigues parecem partilhar conosco algo inefável e muito profundo de suas próprias experiências. Eder é um irmão franciscano que atua na Amazônia e vive a experiência de viver a espiritualidade franciscana, em meio a todos os desafios da região. Emerson também é franciscano. É um frade capuchinho, inserido na pastoral da região leste (Belém), em meio aos pobres da grande São Paulo. Mesmo se, no livro, eles são muito discretos e nada contam de suas experiências pessoais, elas parecem aflorar no cuidado de ligar a contemplação do Deus de Jesus Cristo e o cuidado solidário e amoroso do outro, principalmente, do pobre e do excluído.

Nesse itinerário espiritual, por meio de cada página deste livro, Eder e Emerson parecem nos tomar pela mão e conduzir-nos em uma peregrinação iniciática por esses caminhos íntimos e afetuosos da vida mística. Fazem isso com grande abertura macroecumênica e intercultural, mas ao mesmo tempo centrando a reflexão na mística cristã. Nessa perspectiva, a Mística significa, de um lado, a busca do mistério divino, e essa busca tem como meta incorporar a pessoa crente à intimidade de Deus. Como Paulo dizia: "Já não sou eu que vivo. É Cristo que vive em mim" (Gl 2,20).

Jon Sobrino escreve: "Parecer com Jesus é reproduzir a estrutura fundamental da vida dele. É assumir para si a missão e o jeito de Jesus, vivendo como ele a misericórdia com os outros como um princípio permanente e estruturador da vida e aceitando carregar sobre si o pecado do mundo e receber do Pai, pela força do Espírito, a ressurreição"[5].

Para o Evangelho de João, isso que os outros chamam "seguir Jesus" torna-se conhecê-lo e unir-se a ele na intimidade com o Pai. Este é o projeto: entrar com Jesus na intimidade que este tem com seu Pai. Isso não é fruto de nossas técnicas, nossos métodos ou nossas disciplinas. É dom, graça. Faz-se pela iniciativa do Pai e pela força do Espírito, mas nós podemos acolher e viver ou podemos deixar de lado. Esse é o desafio da vida espiritual.

---

[5] JON SOBRIÑO, *El Principio Misericordia,* Salamanca, Ed. Sal Terrae, 1992, Tradução: Vozes, p. 31.

Para mim que, como monge beneditino, estou convencido de que o "despertar da vida mística" é minha vocação mais profunda, este livro me toca muito porque, lendo além das linhas e entrelinhas, sinto como se os dois irmãos que o escreveram tivessem sido guiados como intérpretes autorizados e responsáveis de uma palavra que lhes foi entregue, mas não lhes pertence. E essa palavra é dom do Espírito Santo, o segredo mais profundo e mais íntimo de toda vida mística.

Um dos maiores pensadores da religião no século XX, o filósofo francês Michel de Certeau, várias vezes citado neste livro, escreveu: "É mística a pessoa que não consegue parar de avançar e, com a certeza do que lhe falta, sabe de cada lugar e objeto que não é isso e que não pode contentar-se só com isso. O desejo cria um excesso. A pessoa excede. Quer ir sempre mais longe. Não habita em nenhuma parte. É habitada..."[6].

É a aventura, o caminho do amor ao qual o Espírito de Deus nos empurra e nos conduz. Seja você religioso/a ou não, poderá descobrir que cada um/uma de nós é chamado a buscar e a se deixar conduzir pelo sopro divino da Ruah, Espírito Santo de Amor, que *"sopra onde quer, ouve-se sua voz, mas não sabe para onde vai nem para onde vem"* (Jo 3,5-7). A mim, cristão, ele sussurra um nome que me leva ao Infinito: Jesus de Nazaré. Mas me leva também a outros nomes, que são sinônimos de amor e de paz, nas mais diferentes religiões e nas mais diversas culturas. Que riqueza. Nenhum mortal pode amordaçar a ventania. O mistério é nossa Paz e os caminhos religiosos, se conseguem sê-lo,

---

[6] DE CERTEAU, MICHEL, *Le voyage mystique,* Paris, B.S.R/ Le Cerf, 1988, citado por PIERRE GIRE, *Le Christianisme en dialogue avec ses mystiques,* in Chémins de Dialogue, 18/2001, p. 143.

podem apenas ser nossas parábolas de amor. Como, no século IV, escreveu Agostinho: "Apontem-me alguém que ame e ele sente o que estou dizendo. Deem-me alguém que deseje, que caminhe neste deserto, alguém que tenha sede e suspira pela fonte da vida. Mostre-me essa pessoa e ela saberá o que quero dizer"[7].

---

[7] AGOSTINHO, *Tratado sobre o Evangelho de João 26,4.* Cit. por Connaissance des Pères de l'Église 32, dez. 1988, capa.

Introdução

O presente livro "O contemplar e o caminhar: a mística descoberta no cotidiano" almeja lançar um olhar sobre as principais ideias que fundamentam o despertar da vida mística, de modo que as reflexões aqui dissertadas não têm a pretensão de celebrar o desfecho de uma temática tão profunda e meritória, antes sintetizar a proposição, dilucidando-o – conquanto remontado das principais fontes da experiência mística cristã. Por conseguinte, o presente estudo discorrerá seu conteúdo em três capítulos.

O primeiro, *A mística e seus desdobramentos*, parte das seguintes questões: O que é a mística? O que são místicos de ontem e de hoje? Qual a primazia que se deve conceder à experiência mística? Ou seja, faz-se constatação pertinente ao dizer que existe uma mística de olhos abertos e outra de olhos fechados e, no desfecho, descrevemos em síntese a relação entre religião e mística. No segundo capítulo, *A mística do despertar interior*, é mostrado com clareza que a vida espiritual é andar com os olhos bem abertos vendo o invisível e ouvindo o inaudível. É ter percepção espiritual. Sendo que essa é uma evidência do despertar da Graça de Deus que toca o coração do místico, orientando-o a viver uma espiritualidade vigilante, sempre atento ao instante, à hora passageira.

E, por último, no terceiro capítulo, são apresentadas *As bases da teologia mística,* partindo da definição de teologia para uma maior compreensão do que será exposto em seguida. De forma que, a partir do conceito, fica claro que, ao longo dos séculos, existiram teólogos místicos, ou melhor, que fizeram teologia rezando. Por consequência, é possível relacionar mística e teologia.

Atualmente, o interesse pela mística vai muito além das pesquisas realizadas no campo das Ciências da Religião e da Teologia. Na contemporaneidade, as ciências humanas têm despertado um interesse crescente pela mística. No Ocidente, porém, a imagem da mística foi desvirtuada no decorrer do tempo. Tudo aquilo que nos primórdios do Iluminismo, entre os séculos XVII e XVIII, passou a ser considerado um caminho irracional e suspeito, na época atual volta a ser esquadrinhado por muitas pessoas, que veem na mística o caminho da experiência de Deus, da expansão da consciência e da unidade com todo o cosmos. À vista disso, articula-se com frequência que a mística está de volta.

O teólogo do século XX, Karl Rahner (1904-1985) fez uma afirmação muito condigna em torno da mística. Ele disse: "O cristianismo do futuro será místico, caso contrário deixará de existir" (GRÜN, 2012, p. 8). Deveras, "Místico" para Rahner não é alguém com características extraordinárias, mas o cristão que em sua vida faz uma experiência pessoal da fé cristã.

O ser humano do século XXI não só anseia por dinheiro, fama, sucesso, como também está sedento pelo transcendente, algo mais consistente que dê um verdadeiro sentido a sua existência terrena. Dentro das profundidades humanas, há um desejo pelo sagrado e, por que não dizer, por uma mística que aponte para algo maior. E por quê? Porque o desejo de união com o Outro transcendente na imanência, que se chama Deus ou amor infinito, dá um sentido brilhante à existência, ao transmudar a vivência do ser humano, porquanto a verdadeira mística causa uma transformação interior. Se ela não proporciona uma mudança radical, isto é, a conversão no modo de pensar, sentir e perceber a realidade, é uma pseudomística.

No mundo hodierno, percebe-se que a mística costuma ser entendida como um grande anseio por sensações de êxtase, repouso, arrebatamento, êxtase, visões etc. "Arrebatamento, êxtase, visões não são o objetivo da mística. Isso tudo é apenas passagem" (JÄGER, 2009, p. 71). Efetivamente, a pessoa mística não é irracional. Ela conhece bem o binômio: mística *versus* razão. Esse binômio vai direcionar seu aprofundamento do mistério de Deus revelado em Jesus de Nazaré. Portanto em uma época em que os seres humanos se tornam cada vez mais desenraizados, eles anseiam pela busca sincera de experiências que sejam capazes de fortalecer suas próprias raízes.

Este livro, pois, parte do pressuposto de que todas as religiões do mundo têm sua mística, ou melhor, todas fazem de alguma forma a experiência do mistério inefável. Porém ele volta o olhar especificamente para a mística cristã. No cristianismo a história da mística começa com Jesus de Nazaré. Anthony de Mello, jesuíta e psicólogo indiano, afirma categoricamente: "Jesus era místico – de vida – por isso agia sempre sensibilizado com a vida, [...] Jesus pregava com a vida, e isso é muito comprometedor".

Assim, o contemplar e o caminhar da mística descoberta no cotidiano ganha impulso nas palavras do papa Francisco: "Contemplar e cuidar: eis duas atitudes que indicam o caminho para corrigir e reequilibrar nossa relação de seres humanos com a criação". Assim temos uma tripla tarefa de contemplar, caminhar e cuidar com terno afeto das pessoas e da criação.

1

A mística e seus desdobramentos

O caminho se faz ao caminhar.
Em cada pegada, em cada passo,
vou deixando marcas de meu
cuidar e de meu contemplar.

A visão correta da mística é pouco nítida para muitas pessoas. A maioria entende como algo que não se limita à crença em Deus, mas atinge a vivência de Deus. Muitos relacionam a mística com experiências exóticas, a saber: visões, dom de línguas, revelações particulares, expansão da consciência ou êxtase. Para outros, a mística é a busca por atingir, por meio do contato existencial, o inatingível: Deus. A partir dessa perspectiva, a mística significa, então, a capacidade de se comover diante do mistério inefável. Não é pensar as coisas, mas sentir as coisas tão profundamente a ponto de perceber o mistério fascinante que habita a interioridade.

1. O que é mística?

A primeira ideia que vem à mente de algumas pessoas quando se fala de mística é que ela está relacionada ao esoterismo. A palavra mística na Idade Média tinha outro nome: contemplação. Mas a pergunta fundamental permanece: o que é esse fenômeno que se convencionou chamar de mística ou vida no Espírito? Segundo Anselm Grün, a palavra mística é de origem grega e significava iniciação nos mistérios. Grün vai à raiz do termo e diz:

> Mística vem do adjetivo grego *mystikos*, derivado dos verbos *myo* (fechar os olhos e boca, para gerar um mistério internamente) e *myeo* (penetrar no mistério). Entre os gregos, "mística" significava, a princípio, a iniciação nos mistérios, na qual uma pessoa se unificava com o destino da divindade e passava a participar do poder divino. Mas Platão concebeu também uma ideia filosófica da mística, que descreveu como ascensão da alma à contemplação espiritual de Deus. Para a filosofia neoplatônica, a mística é o conhecimento de uma verdade oculta no mistério, um conhecimento que só aquele que se desliga do mundo pode obter, podendo, assim, contemplar mais profundamente o âmago da divindade" (GRÜN, 2011, p. 9).

A mística cristã é fazer a experiência do mistério de Cristo no hoje da história. E esse mistério de Cristo se prolonga na vida dos pobres e sofredores. Não existe mística cristã descontextualizada da vida daqueles que mais sofrem. O verdadeiro místico não se esconde do mundo. Ele está no coração do mundo testemunhando o sentido da vida que prevalece ante os sinais de morte. O místico não é um ser vegetativo, mas profundamente ativo e contemplativo.

O teólogo e pesquisador das religiões José Luís Vázques Borau traz, no conjunto de suas pesquisas, contribuições importantes no campo da mística cristã. Ele acentua:

> A palavra *misytica* foi introduzida no cristianismo por um monge siríaco, um neoplatônico cristão, que viveu entre o século V e o início do século VI, e que escreveu vários tratados teológicos, entre os quais um intitulado *De Mystica Theologia*, dedicado a Timóteo, discípulo de Paulo de Tarso, assinado por Dionísio o Areopagita (BORAU, 2002, p. 18).

Em tal caso surge a pergunta: qual o significado da palavra mística? O vocábulo, comumente, remete a mistério. Em seguida, vem à tona outro questionamento: o que é o mistério? Sabe-se que "as tradições ocidentais o chamaram de *mysterion*, que não quer dizer nem enigma, nem incógnita" (PANIKKAR, 2007, p. 39). Com efeito, o mistério divino é indizível e nenhuma expressão humana pode descrevê-lo. Assim, o mistério não é o limite do conhecimento como muitos imaginam. Ele é apenas o ilimitado do conhecimento. Mas, nem por isso, o ser humano deve deixar de buscá-lo. Antes, é preciso entrar em comunhão profunda com toda a realidade espiritual envolvente, ou seja, ir para além de qualquer horizonte vivenciando o mistério.

O mistério no cristianismo é uma busca que perpassa toda a vida do crente. Nesse sentido, "o ser humano, cada um, é uma participação, uma imagem, um mistério de Deus" (PANIKAR, 2007, p. 136). Por essa razão, o mistério mantém o ser humano sempre na admiração até o fascínio, na surpresa até a exaltação. De forma que quando se chega a esse nível nada mais resta a não ser o silêncio, a reverência e a adoração.

A mística, por consequência, revela a profundidade de sua significação, quando capta o elo misterioso que une e reúne, liga e religa todas as coisas em um todo organizado e dinâmico.

Por conseguinte, afloram os seguintes questionamentos: "a mística cristã possui algum segredo? Qual é esse segredo? Thomas Merton diz que "o segredo da mística cristã é que realiza a si mesma pelo amor desinteressado aos outros" (MERTON, 2006, p. 22). Ou seja, segundo Merton, a mística é amor e compaixão, e nenhuma mística é autêntica, se não se converter verdadeiramente em compaixão. Ter compaixão é ser capaz de estar com o outro, sair de si, sofrer com o outro. É ser movido por um amor desinteressado.

Michel de Certeau (1925-1986) foi um jesuíta, historiador e erudito francês que se dedicou ao estudo da psicanálise, filosofia, e das ciências sociais e explicou, metaforicamente, o que é a mística, ou melhor, o que é um místico. Ele afirma "é místico aquele ou aquela que não pode deixar de caminhar". O caminho é uma imagem daquele ou daquela que se propõe a trilhar as entrelinhas da experiência do sagrado. Henri J. M. Nouwen dizia: "O caminho místico é o caminho interior. O homem tenta descobrir, em sua vida interior, uma ligação com a 'realidade do invisível', 'a fonte da vida', 'o ponto de silêncio'. Aí, ele descobre que o que é mais pessoal é mais universal" (NOUWEN, 2018, p. 31).

O contemplar e o caminhar é uma constante na existência dos místicos e das místicas de todos os tempos. O teólogo Jean-Ives Leloup descreve como é o verdadeiro caminhar e suas pegadas sobre a terra:

> Caminhar como um turista é caminhar sobre a costa da terra. Caminhar como andarilho é conhecer a seiva, entrar no movimento, na própria energia do universo e voltar carregado dos odores da nature-

> za, da floresta que foi atravessada, talvez do javali cujas pegadas seguimos... Caminhar como um peregrino é caminhar próximo do Sopro que está na seiva, caminhar com aquilo que informa a seiva e dá à árvore sua crosta, sua casca, sua retidão viva à margem do caminho (LELOUP, 2013, p. 67).

O caminhar do místico não é o caminhar curioso do turista com a beleza que vislumbra. O caminhar do místico é o caminhar de um andarilho, de um peregrino movido pelo Sopro. O caminhar dos místicos sobre a terra é uma verdadeira peregrinação exterior e interior. Thich Nhat Hanh aconselha: "Caminha como se estivesses a beijar a Terra com os teus pés". O místico é um "vagabundo de Deus". Para o místico nenhum caminho será longo. Pois o senhor diz: "Não temas! Eu estou contigo!". Ou ainda: "Levanta-te e come! Ainda tens um longo caminho a percorrer" (1Rs 19,7).

Por sua vez, Bernard McGinn (1937), professor na Universidade de Chicago e exímio estudioso da mística, constata que hoje há um interesse significativo pela centralidade da mística. Ele comenta que:

> As últimas duas décadas testemunharam um ressurgimento notável no interesse pelo estudo e pela prática da espiritualidade cristã, especialmente na mística tradicionalmente compreendida como o ápice do caminho espiritual. [...] Tanto do ponto de vista especificamente cristão quanto ecumênico, a mística é um tema central, hoje em dia (MCGIN, 2012, p. 11).

Percebe-se, com isso, que o interesse pela mística extrapola o âmbito da religião. Por quê? Porque a mística cristã não é uma experiência de reclusão à solidão da oração em um mosteiro ou vida contemplativa, antes é um dinamismo interno e externo de toda ação solidária e compassiva. Em síntese, a "mística não significa além de Deus e do mundo. Mística é Deus e mundo, uma unidade indivisível. Com isso, a tensão entre os dois polos não fica neutralizada" (JÄGER, 2009, p. 70).

Hoje, em pleno século XXI, percebe-se um grande despertar da mística. Semelhantemente, ela tem sido objeto de estudo e pesquisa de diversos campos do saber humano, pois o interesse pela mística vai muito além das pesquisas feitas no campo das ciências da religião e da teologia, uma vez que o ser humano pós-moderno não só anseia por dinheiro, fama, sucesso, como também ele tem sede do transcendente, de algo mais consistente, que dê um verdadeiro sentido a sua existência. Dentro das profundidades humanas há um desejo pelo sagrado, e por que não dizer por uma mística que aponte para algo maior?

Assim, a mística é um conceito fundamental do cristianismo, como de toda religião que admite o mistério e, também, de correntes de pensamento que aceitam a existência do mistério como componente da realidade absoluta. Para os cristãos, a mística tem total originalidade, pois o centro absoluto desse conceito não é uma escola ou um pensamento, mas Jesus de Nazaré. Em Jesus, realiza-se o acontecimento místico absoluto, porque nele se realiza a total união e comunhão entre Deus e o ser humano.

O teólogo Leonardo Boff (1938), ao refletir com lucidez, clareza e nostalgia sobre a dimensão mística da vida cristã, afirma que mística:

> [...] não é, portanto, pensar sobre Deus, mas sentir Deus em todo o ser. Mística não é falar sobre Deus, mas falar a Deus e entrar em comunhão com Deus. Quando rezamos, falamos com Deus. Quando medi-

> tamos, Deus fala conosco. Viver essa dimensão no cotidiano é cultivar a mística (BOFF, 2009, p. 54).

Boff compreende a mística não como "um pensar *sobre* Deus", mas como um sentir Deus em todo ser. A visão franciscana diz que Deus está presente em tudo. Todas as criaturas estão impregnadas da presença do Criador. A mística não é produto do pensamento, mas é algo que envolve o sentimento em sua inteireza. Por outro lado, a mística não consiste em falar *sobre* Deus, mas falar a Ele e viver na eterna comunhão com Ele. Viver a eterna comunhão com Deus é a meta da mística cristã. Essa experiência do falar a Deus é vivida, sobretudo, no espírito da oração e da meditação, onde se fala com Deus e Deus fala com a pessoa que a ele se dirige.

Conjuntamente, a mística é uma experiência de unidade cultivada no dia a dia. Não é algo extraordinário que somente algumas pessoas podem fazer essa experiência. Diante disso, surge um questionamento: hoje, o ambiente cotidiano facilita o cultivo da experiência mística? Fazer a experiência do mistério de Deus em meio às situações diárias é, sem dúvida, um grande desafio. O ruído, a TV, o rádio, as redes sociais e as ocupações não oferecem um ambiente adequado para que as pessoas possam ter um contato mais profundo com a Fonte, de onde emana o mistério insondável.

Coincidentemente, a vida mística não é um privilégio de poucos escolhidos, mas sim uma característica intrinsecamente humana por excelência. Deveras, ela é "a experiência da Vida. É algo que chega a envolver a experiência integral da Vida" (PANIKKAR, 2010, p. 12-14). Para o estudioso das religiões Raimon Panikkar (1918-2010), o termo vida, nessas definições, deve ser entendido no sentido de existência e pertence a todo ser também material. Vida e realidade se correspondem, pois a "vida é um constante dinamismo, como também o é a experiência do divino, a contínua divinização da experiência do real" (PANIKKAR, 2007, p. 147). Logo, pode-se dizer que a mística é a experiência concreta da vida, não só no além, mas nesta vida terrena.

Consequentemente, na concepção de Panikkar, a experiência mística envolve toda a realidade, mantendo-se aberta a todos os problemas humanos. De forma que, para ele, a mística é uma experiência que acontece na historicidade do ser humano. É uma experimentação que integra todas as dimensões da vida, em que nada fica de fora e que, ao mesmo tempo, contempla a existência toda da pessoa envolta do mistério. Portanto a mística é um experimento integrador na vida de uma pessoa, que a direciona nos caminhos de superação de uma mística fragmentada, exótica e, até mesmo, desenraizada da atualidade.

Contudo, na contemporaneidade, o ser humano perdeu esse senso místico da existência, fixando-se na superficialidade. À vista disso, urge recuperá-lo como dimensão do profundo e significativo que dá sentido à vida humana. Diante desse fato, é importante salientar que a mística não implica em uma fuga do mundo (*fuga mundi*) ou desprezo das realidades terrestres, mas em um mergulho ainda mais fundo nas entranhas da realidade, para ser capaz de captar os sinais dos tempos. O filósofo Ludwig Wittgenstein, no *Tractatus Logico-Philosophicus*, escreveu: "Não é como as coisas são no mundo que é místico, mas sim que o mundo exista". Trata-se de uma experiência pessoal, mas não individualista que o místico realiza no mundo real.

O monge beneditino Anselm Grün (1945), estudioso da espiritualidade contemporânea, diz que:

> O jesuíta Anthony de Mello disse certa vez: A mística não significa apenas indagar "Quem é Deus?", mas também perguntar: "Quem sou eu mesmo?" Quando eu faço repetidamente a pergunta "Quem sou eu?", essa pergunta me leva também, finalmente, a Deus, razão de minha vida (GRÜN, 2012, p. 21).

Antes do místico debruçar-se sobre a pergunta por Deus ele deve perguntar por sua existência real. Se a pergunta "Quem eu sou?" ficar jogada às margens do esquecimento, a experiência mística pode tornar-se pura alienação com a realidade onde o místico atua. A pergunta pelo divino e pelo humano é a base para a construção de uma sólida e verdadeira experiência mística. Na mística, divino e humano se entrelaçam.

Assim, a mística é o pressentimento de que tudo o que o místico percebe com seus sentidos traz em si algo misterioso, ou melhor, algo do mistério. Não se pode dar um nome, no entanto, ele está aí sensivelmente. Portanto mística é uma realidade última, oculta, que tudo abrange, perpassa, anima e gera novo vigor. E por que não dizer: uma conexão na qual tudo está ligado e interligado.

2. Os místicos de ontem e de hoje

Alguns anos atrás, Frei Betto (1944), frade dominicano e escritor, formulou de forma magistral a seguinte questão: "será que é possível construir homens e mulheres novos sem falar de mística?" A questão continua atual e relevante na atualidade. Por isso, acredita-se que o século XXI deverá ser um século marcado pelo contemplar e o caminhar dos místicos e místicas testemunhando a paz, a justiça, a compaixão e a não violência no cotidiano da vida.

Nada obstante, quem são os místicos e místicas contemporâneos, ou melhor, do século XXI? São pessoas que descobriram a dimensão do sublime, isto é, do sagrado em Deus, nos seres humanos e em toda a criação. Melhor, são homens e mulheres apaixonados pela causa do Reino de Deus. São seres humanos que exalam o odor de Cristo Jesus por onde passam. O místico Anthony de Mello assevera: "Os místicos são os que mais confiadamente se abrem à realidade, sem se preocupar com o resultado dessa atitude, porque sabem que apenas na realidade que habita a verdade" (MELLO, 1993, p. 35). Abrir-se à realidade é encontrar a verdade. Abrir-se à realidade é encontrar a vida!

No entanto, quando se trata da mística como uma temática relevante, por cúmulo, muitos pensam em claustros, monges, silêncio, penitência, jejum, olhos fechados, ambiente sagrado e fechado, onde se anda calma e lentamente, longe do mundo barulhento. Essa é a primeira ideia que passa pela cabeça de muitas pessoas.

Todavia a figura dos místicos contemporâneos aponta caminhos sempre novos e diferentes. Basta, por exemplo, pensar em Madre Teresa de Calcutá, Thomas Merton, Dom Helder Câmara, Irmã Dorothy Stang, Oscar Romero, Charles Eugène de Foucauld, Irmã Dulce dos Pobres e tantos outros, que testemunharam o amor e a compaixão, sem deixarem a condição de místicos contemplativos. Neles há uma integração entre mística e ação transformadora. Suas vidas foram, sem dúvida, uma síntese entre ação e contemplação, pois na experiência mística não existe dualismo entre ação e contemplação. São como que duas asas que equilibram o itinerário místico.

O estudioso do místico Thomas Merton, Getúlio Antônio Bertelle, tenta definir o místico nestes termos:

> Místico é alguém que penetrou na interioridade (*en-stasis*) a fim de descobrir o próprio centro, vencendo a ilusão e a dispersão existencial, a superficialidade e o anseio consumista. Só assim é possível sair de si (*ex-stasis*) e desprender-se na abertura ao outro em compaixão (BERTELLE, 2008, p. 17-18).

A compaixão é critério para verificar a autenticidade da mística, e essa é a alma daquela. Ainda que a mística seja inefável, o místico fala, dialoga consigo mesmo e com a realidade vigente. Partindo de sua experiência pessoal, Merton diz que os "místicos de todas as épocas buscaram e encontraram não apenas a unificação do próprio ser ou a união com Deus, mas a união entre si mesmos no Espírito de Deus" (MERTON, 2014, p. 18). Místico é, portanto, alguém que saiu da casca da superficialidade e adentrou-se na seiva da interioridade para descobrir seu tesouro, ou seja, seu núcleo essencial.

O primado de toda mística cristã consiste na unificação com o Espírito de Deus e consigo mesmo. Esse é o grande trabalho do místico: voltar-se para si, mas não permanecer em si, unindo corpo-mente-coração-reconciliado consigo mesmo e com o mundo. Destarte, a pessoa mística é aquela que sabe ler e reler os sinais dos tempos sem usar "lupa", "binóculos" ou "óculos escuros" dos sistemas religiosos institucionalizados.

O teólogo Salvador Valadez Fuentes, inclusive, argumenta: "Os místicos são pessoas com uma sensibilidade extraordinária para 'ver', contemplar e saborear a presença do mistério em todos os momentos da vida" (FUENTES, 2008, 128). Possuem uma sensibilidade extraordinária para ver, contemplar e saborear a presença do inominável, do impronunciável. Eles não estão propriamente em conventos, mosteiros, mas nas ruas e praças das grandes e pequenas cidades.

Muito provavelmente, os místicos são pessoas de visão ampla e nítida. De modo que nessa visão de inteireza perfazem toda a sua experiência espiritual. Sendo contemplativos em ação, são capazes de saborear a doçura do mistério, mesmo em meio às amarguras do tempo presente.

Como são identificados os místicos de hoje? São reconhecidos no tripé "ver", "contemplar" e "saborear". Anthony de Mello confirma que para "os místicos, no entanto, o fundo da vida – a realidade – é um campo maravilhoso e inesgotável de luz, de amor, de paz e de felicidade" (MELLO, 1993, p. 82). Tratam-se de pessoas de luz, de amor, de paz e felicidade que possuem uma irradiação benéfica para o mundo.

Um místico não pode ser confundido com um delirante ou esquizofrênico, pois "é simplesmente o ser humano 'espiritual', no sentido mais pleno da palavra 'espiritual' [pneumatikós]" (MERTON, 2006, p. 36).

O místico, pois, é um ser humano repleto, cheio do Espírito. Ele é capaz de ver, isto é, perceber o que acontece consigo e com o mundo que o circunda. Ele é um homem ou uma mulher que olha o mundo com os olhos de Deus; não despreza o mundo porque este é mau e perverso. Mesmo sem negar as adversidades e contrariedades da vida, ele é capaz de degustar a vida e tudo o que ela tem de bom e belo. Concomitantemente, não são pessoas alienadas da realidade onde estão situadas, pois vivem no coração do mundo, sem serem submergidas pelas forças de destruição do mundo.

Segundo Faustino Teixeira, pesquisador da mística no Brasil, os místicos são pessoas próximas, isto é, pessoas que vivem uma profunda relação de intimidade com seu Deus. Ele assim os descreve:

> Os místicos são os "amigos de Deus", sem os quais é muito difícil manter a secreta mirada que acessa o senso da "delicadeza espiritual", que possibilita o real "encontro com o mistério dentro e além das coisas e das ideias. [...] Os místicos são testemunhas de um grande e decisivo encontro que transformou suas vidas" (TEIXEIRA, 2006, p. 8).

A amizade é uma experiência de intimidade recíproca. Os místicos cultivam essa amizade com Deus por meio da oração, do silêncio e da compaixão. No contínuo diálogo amigável, o místico vai adentrando sempre mais no mistério de Deus, com o propósito de tornar-se um com Ele. Por conseguinte, o fruto do cultivo dessa relação de amizade com Deus é vivenciado na relação de alteridade com as pessoas no cotidiano.

3. Experiência mística

O místico pode parecer um grande solitário, mas não é um isolado. Está sempre em comunhão viva com o mistério divino e com toda a criação.

Deus sente alegria por suas criaturas? O Venerável e místico Padre Maria-Eugênio do Menino Jesus (1894-1967), em suas homilias e conferências, responde: "A maior alegria de Deus que Ele pode ter por suas criaturas é a de poder difundir sua vida nelas, derramar seu Amor e sua Misericórdia". Deus sente alegria em poder difundir e derramar sobre suas criaturas seu amor e sua misericórdia. Deus sente alegria em difundir, compartilhar e derramar sua própria vida dentro de suas criaturas, que ele tanto ama.

A experiência é o lugar da mística, só pela experiência ela pode florescer. Segundo Grün, "todos os místicos são unânimes em dizer que a iluminação não pode ser forçada, nem por meio da oração nem de nenhum método de meditação. Ela é sempre um presente da graça" (GRÜN, 2001, p. 230). Ou seja, a experiência de iluminação interior não pode ser induzida, pois é a manifestação da graça de Deus, que age livremente na pessoa. Nenhum método ou nenhuma técnica pode levar uma pessoa a fazer a experiência mística. A iluminação, a experiência do mistério, em última análise, é um presente dado gratuitamente por Deus.

Há uma história do jesuíta Anthony de Mello (1931-1987) que é cheia de sabedoria e ilustra bem essa realidade da iluminação interior. Essa história mostra como o místico tem os sentidos aguçados para Deus e seu mistério. O místico esquece-se de si mesmo, encantado pelo perfume das flores. O místico tem o odor não só das flores, mas, ele mesmo, é o que espalha o odor de Cristo por onde passa. A história começa assim:

"Um místico desceu a montanha e, lá embaixo, encontrou-se com ateus que assim zombaram dele:

– Que coisas tu nos trazes da montanha, do jardim de delícias em que estavas?

O místico respondeu:

– Tive vontade de encher minha túnica de flores para dar a meus amigos, ao voltar; mas tão doce era o perfume do jardim que me esqueci até da própria túnica".

O místico está completamente inebriado de perfume sagrado que esquece a túnica. Esquecer a túnica é mostrar a nudez, a própria verdade tal e qual. São Francisco, em seu Testamento, escreve: "O que antes me parecia amargo, converteu-se em doçura do corpo e da alma". A doçura, a delicadeza, o jardim, as flores, a montanha, tudo remete a uma experiência mística.

Santa Teresa de Ávila (1515-1582), mística e doutora da Igreja, em uma de suas obras, o *Livro da vida,* escreve: "Há momentos em que a alma não se lembra desse jardim [que é seu interior]: tudo parece seco, sem água para sustentar, tendo-se a impressão de que a alma jamais teve em si virtudes. É grande o sofrimento". E acrescenta: "O bom jardineiro sem água mantém as flores e faz crescer as virtudes". O bom jardineiro para Teresa é aquele que, mesmo sem água para regar as plantas, mantém as flores vivas e belas e faz crescer as santas virtudes. Em cada alma há um jardim a ser cultivado, cuidado com carinho.

McGinn, entre as muitas tentativas de definições da mística, prefere fornecer um sentido de como ele próprio entende o termo ao discuti-lo em três tópicos, a saber: "mística como parte ou elemento da religião, mística como um processo ou modo de vida e mística como uma tentativa de expressar uma consciência direta da presença de Deus" (MCGINN, 2012, p. 16). A compreensão de McGinn da mística é clara e sistematizada.

Em primeiro lugar, ela diz respeito à religião como parte ou elemento dela mesma. Em segundo lugar, a mística é um processo ou modo de vida e, finalmente, mística é como uma tentativa de expressar uma consciência da presença de Deus.

A experiência mística transforma profundamente a vida dos seres humanos, e é a partir dela que eles podem testemunhar, ensinar e escrever. McGinn, em seus estudos, portanto, deixa claro o que faz parte especificamente do elemento místico no cristianismo. Em sua argumentação diz:

> Assim nós podemos dizer que o elemento místico no cristianismo é aquela parte de sua crença e suas práticas que concernem à preparação para a consciência de e a reação ante aquilo que pode ser descrito como a imediata ou direta presença de Deus (MCGINN, 2012, p. 18).

Francamente, não diz nenhuma novidade quando afirma que o elemento místico no cristianismo envolve a crença e suas práticas. Contudo, trata-se de uma preparação para a experiência imediata ou direta da presença de Deus. Desse modo, a crença e as práticas proporcionam a iluminação imediata ou direta da experiência mística, sendo, de certa forma, facilitadoras dessa experiência de iluminação interior.

Para Panikkar, a experiência da Vida corresponde à autêntica experiência de Deus, que busca a compreensão do fenômeno da mística, apresentando as possibilidades de uma ação concreta e empírica. Ele faz uma elucidação clara entre experiência e reflexão. Segundo ele, "a experiência da Vida equivale à experiência de Deus. Dizemos experiência e não reflexão sobre a vida" (PANIKKAR, 2007, p. 226). Ou seja, mais uma vez afirmamos que o místico não é como aquele alienado da realidade, dos sofrimentos do mundo, mas como aquele que está completamente implicado com essa realidade.

Os estudos e ensaios de McGinn são um grande esforço de não fazer da mística, ou melhor, da experiência mística, algo banal, exótico, ilusório etc. Ele conhece a tradição mística cristã, e com essa tradição fundamenta suas buscas. Sua posição fica evidente ao afirmar que:

> O termo experiência mística, consciente ou inconscientemente, também tende a colocar ênfase em estados alterados especiais-visões, locuções, êxtases e similares – que admita-se, têm tido um papel importante na mística, mas que, como muitos místicos já insistiram, não constituem a essência do encontro com Deus. Muitos dos maiores místicos cristãos (pensem em Orígenes, Mestre Eckhart e João da Cruz) foram radicalmente hostis a tais experiências, enfa-

> tizando, ao contrário, o novo nível de atenção, a consciência especial e mais elevada, envolvendo tanto o amor quanto o conhecimento, que é dado no encontro místico (Ibidem, 2012, p. 19).

Assim, a principal questão é a inserção da mística no cotidiano, em plena secularidade, em que o místico não se deixa aprisionar por nenhuma circunstância ou estrutura opressora. Ele não é escravo do mundo exterior, assim como não faz tragédia de nenhuma calamidade, mas vive e atua com plena liberdade e lucidez. Portanto a mística não é uma questão de fé, mas de experiência. A experiência mística é uma experiência primordial e aquele que a faz não conseguirá segurá-la para si mesmo.

4. Uma mística de olhos abertos

Há uma mística de olhos abertos e uma de olhos fechados. Qual das duas é a mais importante? Todas têm sua importância e seu valor. No entanto, aqui, buscaremos evidenciar a mística de olhos abertos.

Diversos teólogos têm se aproximado dessa mística que enxerga o mal no mundo e toma partido. Com os olhos abertos o místico vê, age e transforma a realidade de dentro para fora. O poeta e escritor Rubem Alves (1933-2014), com muita leveza, dizia: "Quando a gente abre os olhos, abrem-se as janelas do corpo, e o mundo aparece refletido dentro da gente". Quando a pessoa abre os olhos abrem-se também as janelas do corpo, da alma e do espírito. Nesse momento o mundo todo aparece refletido no interior da pessoa. Quando se abrem os olhos, abrem-se, também, as janelas.

As janelas têm uma importante missão de refletir luz para o mundo existente dentro do ser humano. Os olhos são, sem sombra de dúvida, a janela da alma. Ver é abrir-se diante da beleza da vida! Esse olhar, que brota do fundo da alma, cria comunhão com o mistério contemplado. Ver é muito mais do que enxergar; ver é ir além das aparências, é saber distinguir, é perceber os sinais do amor e da vida.

O que se entende por mística de olhos abertos? Para compreender essa forma de mística é necessário conhecer o teólogo alemão contemporâneo Johann-Baptist Metz (1928-2019), uma vez que ele próprio acredita que a mística que se revela no judeu-cristianismo é uma *mística de olhos abertos*, pois afirma que:

> A experiência de Deus inspirada biblicamente não é uma mística de olhos fechados, mas sim uma mística de olhos abertos; não é uma percepção relacionada unicamente com nós mesmos, mas sim uma percepção intensificada do sofrimento alheio (METZ, 1996, p. 26).

A experiência de Deus herdada, ou seja, de inspiração bíblica, não é uma mística de olhos fechados, mas de olhos abertos, pois a de olhos fechados não se importa com o sofrimento alheio, contempla apenas seu próprio umbigo; está voltada unicamente para sua interioridade; não se preocupa com questões emergentes e urgentes: aquecimento global, desmatamento, violência, pedofilia etc. Em suma, a mística cristã jamais pode ficar indiferente ao sofrimento humano e planetário.

O místico de olhos abertos contempla tudo com os olhos de Deus. Mas esse contemplar não é simplesmente cruzar os braços e dizer que Deus fará uma intervenção sobrenatural. Deus age diretamente pelas mãos do místico. Nesse sentido, o filósofo Marco Vannini, estudioso da mística especulativa, afirma que "a 'ação' que o místico prefere é a oração. Por oração não se deve entender em primeiro lugar o pedido formulado com muitas palavras – contra o qual se volta também o Evangelho, que exorta a não se alongar demais, pois Deus sabe daquilo que necessitamos" (Vannini, 2005, p. 21). O místico autêntico é aquele que vive a dinâmica da oração na ação, contemplando todas as realidades do mundo, rezando sem palavras, pois o puro silêncio é também oração. Oração e ação nada mais é que a face da mesma moeda.

A experiência mística não consiste tanto em ter visões excepcionais; consiste em ter uma visão nova de toda a realidade, descobrindo Deus como sua última verdade, como seu fundamento vivo, atuante e sempre novo no seio do universo.

Para o jesuíta Benjamín González Buelta, os místicos de olhos abertos não são aqueles que têm visões estranhas que beiram à patologia, e sim os que experimentam uma visão nova da realidade, muitas vezes percebida apenas como caos sem solução. Ele certifica que os místicos de olhos abertos possuem a sabedoria do olhar. Enfatiza ele que:

> Diferentemente, o "místico de olhos abertos" abre bem os olhos para perceber toda a realidade, porque sabe que a última dimensão de todo o real está habitada por alguém, por Deus. Relaciona-se com o mundo, dando-se conta dos sinais de Deus que enchem toda a Criação com sua ação incessante, com sua fascinante criatividade sem-fim. A paixão da vida do místico é olhar, e não se cansa de contemplar a vida porque busca nela o rosto de Deus. Mergulha nas si-

> tuações humanas, dilaceradas ou felizes, procurando essa presença de Deus que atua dando vida e liberdade (Ibidem, p. 57).

Para o autor supracitado, portanto, o místico tem os olhos abertos e voltados para o mundo, não coloca venda para não ver as injustiças, a fome, a exploração, a corrupção que circula a seu redor. Antes coloca em evidência que a grande paixão da vida do místico é olhar ou, dizendo de outra forma, é contemplar.

Conhecedor da mística inaciana, que preza pelo "ver Deus em todas as coisas", Buelta (2012) aponta para a dimensão do ver para não perecer. Essa é a mística do olhar amoroso e compassivo. Basta recordar Francisco de Assis, que via em cada ser ínfimo do universo a presença do Criador, do bem, do Sumo bem.

A mística de olhos abertos não distrai dos afazeres cotidianos, sejam quais forem eles, pois é uma pessoa profundamente encarnada na realidade; possui um olhar lúcido sobre o que contempla; possui uma grande sensibilidade diante do pecado social; e todas as formas de injustiça que fere a integridade das pessoas e de toda a criação.

No místico de olhos abertos nasce um novo coração, que é mais compassivo e misericordioso e, por fim, é solidário com todos os que sofrem. O teólogo Dietrich Bonhoeffer, meditando o versículo 18, do salmo 119, escreve: "Quem tem os olhos abertos pela Palavra de Deus vê diante de si um mundo de maravilhas. O que antes parecia morto está agora cheio de vida, o que está cheio de contradições se desfaz em uma união superior, a dura exigência vira mandamento benigno. [...] Senhor, abre meus olhos" (BONHOEFFER, 2008, p. 62-63).

Para a escolástica e a teologia clássica, a mística é "*Fides occulata*", uma fé dotada de olhos, uma fé iluminada porque pode ver a realidade à luz de Deus (PANIKKAR, 2005, p. 53). A fé necessita de olhos para ver, caso contrário, é cega, surda e alienada do resto da realidade. Com isso, a fé que vê é iluminada, é capaz de ver o real, o concreto, à luz de Deus. Essa afirmação, que vem da Escolástica e da Teologia Clássica, aproxima-se da concepção de uma *mística de olhos abertos* tão bem formulada pelo teólogo Johann-Baptist Metz e Benjamín González Buelta.

Metz criticamente afirma que o âmago da mística cristã não é uma mística de olhos fechados, mas de olhos dolorosamente abertos: abertos para a vida, para o mundo e tudo o que acontece ao redor do mundo. A mística de olhos abertos é uma mística do olhar. Olhar de compaixão para com aqueles que mais sofrem. Essa mística instiga um exercício do olhar. É necessário aprender ou reaprender a olhar o mundo, a vida e a si mesmo de outra forma. Superar o narcisismo giratório em torno do próprio ego. Ele afirma que

> [...] em sua essência, a mística cristã não é nenhuma mística de olhos fechados, mas de olhos dolorosamente abertos. Ela incentiva um exercício especial do olhar, uma superação das nossas dificuldades inatas de visão e nosso narcisismo como criaturas (Ibidem, p. 64).

A mística cristã, pelo fato de ser histórica, direciona-se pelo seguimento de Jesus. "Dessa forma, a 'vida mística' significa a 'vida cristã', desde que ela se torne o vivido do Amor de Deus que toca o ser humano e do qual o homem deve estar perfeitamente consciente" (EVDOKIMOV, 2007, p. 41).

Tal propósito implica um compromisso de solidariedade para com os pobres, pois Jesus se sentou entre eles e pessoalmente optou pelos marginalizados das estradas, do campo e das praças das cidades. Implica também um compromisso de transformação pessoal e social, presente na utopia pregada por Jesus, do Reino de Deus, que começa a realizar-se na justiça dos pobres e, a partir daí, para todos e para toda a criação.

Em sua essência, a mística cristã olha atentamente e vê claramente as realidades gritantes que acontecem ao redor da casa comum, o planeta Terra, pois:

> Contrariamente ao discurso corrente da "fé cega", as tradições bíblicas e o próprio Jesus defendem a visibilidade, o tornar visível e o maior dever de tornar verdadeiro. Aquele que diz a palavra "Deus" não precisa fechar os olhos. O cristianismo não é um encantador cego de almas, ele nos ensina uma mística de olhos abertos (METZ, 2013, p. 103).

Muitos cristãos, em pleno século XXI, ainda vivem uma fé cega, alimentada, muitas vezes, por aqueles que têm o dever de orientá-los e conduzi-los. Jesus, o mestre do olhar, abria os olhos das pessoas e quando o fazia, tudo mudava ao redor delas: o novo renascia, a esperança florescia e a vida ganhava novo colorido.

Metz parece ser duro ao dizer que "o cristianismo não é um encantador cego de almas", e não é mesmo. O cristianismo é uma escola do olhar atento, vigilante e desperto. Jesus não é um encantador de almas cegas. Ele deseja que as pessoas vejam com clareza e limpidez tudo o que ocorre no mundo. E não simplesmente neguem o mundo onde vivem.

A mística não é nem pode ser uma simples evasão, uma pura negação, uma fuga do mundo, em face do sofrimento e da crise que atinge o ser humano. Merton, mesmo vivendo em uma clausura monástica, não perdeu essa capacidade de indignação frente a realidades conturbadas do mundo onde vivia, mas afirmava

> [...] sustento que a vida contemplativa do cristão não é uma vida de abstração, de recesso, que o concentre apenas nas essências ideais, nos valores absolutos, na exclusiva eternidade. O cristianismo não pode rejeitar a história. Não pode ser uma negação do tempo (Ibidem, p. 8).

Se a mística do seguimento de Jesus Cristo é histórica e de mãos unidas com a ação, a mística crístico-espiritual é de olhos abertos e cósmica. No século XXI, no entanto, corre-se o perigo da mística cair no mundo do subjetivismo desenfreado. Nesse subjetivismo intimista, o cristão acaba fechando os olhos para não ver o que acontece no mundo. Esse subjetivismo está muito presente naquele tipo de oração em que o líder espiritual diz: "Feche seus olhos e esqueça os problemas que acontecem lá fora. Distancie-se dessa realidade agora. Coloque-se na presença de Deus". Nesse tipo de oração a vida foi excluída do contexto espiritual. Os místicos dizem que a experiência do mistério de Deus é "ad intra e ad extra", ou seja, é um movimento para dentro e para fora.

O que é a fé e de onde ela vem? A fé é confiança, é dom, é entrega nas mãos daquele que olha amorosamente para o ser humano e em uma palavra afirmativa diz: "Não temas! Eu estou contigo". Em Deus há uma fusão de olhar. Se há uma fusão de olhares entre o Criador e a criatura, a fé nesse Criador é uma fé de olhos abertos. É uma fé face a face. É uma fé interpeladora diante do inominável e diante do próximo. Metz declara livre e abertamente que:

> [...] dizemos que a fé vem do que ouvimos. Sim, certamente, mas nossa fé cristã não é apenas uma escola para a audição, mas também uma escola para a visão, uma escola para nossos olhos. A unidade indissolúvel do amor a Deus e do amor ao próximo nos chama a atenção sobre isso. Nossa fé em Deus não é uma fé com os olhos fechados, mas com os olhos abertos, face a face (Metz, 2013, p. 93).

A fé cristã não é uma escola apenas para ouvir; é, acima de tudo, uma escola para a visão, isto é, uma escola para aprender a abrir os olhos. A fé no Deus da vida não é uma fé com olhos fechados, mas com os olhos abertos para contemplar face a face as dores e as alegrias do mundo.

O olhar face a face lembra o grande filósofo Martin Buber (1878-1965), quando constrói sua filosofia do diálogo "Eu-Tu". Nenhum cristão pode fugir dessa relação de alteridade: Eu-Tu. Mistério, beleza, encanto, respeito, vida. Assim a mística cristã não é um perder-se em si mesmo. Ela lança o desafio de contribuir para uma sociedade mais justa, fraterna e solidária. Nesse sentido, a mística possui uma dimensão político-libertadora-contemplativa. O místico do século XXI trilha os caminhos da vida tendo presente essa tríplice vertente.

5. Mística e religião

O cristianismo é busca de Deus e nada mais que isso. É nesse sentido que Jesus diz: "Buscai, em primeiro lugar, seu Reino e sua justiça, e todas as coisas vos serão acrescentadas" (Mt 6,33).

Hoje, tende-se em demasia para uma busca individual de Deus, e, frequentemente, o ser humano asfixia-se com tanta doutrina.

Em sua essência, ou seja, naquilo que tem de puro e bom, o cristianismo é uma religião do mistério, portanto, da mística. Nas palavras do teólogo e pedagogo Manfred Böh, há uma afirmação, de certa forma impactante, em que em "sua essência o cristianismo é uma religião mística, não moral. Isso quer dizer que o que interessa não é o cumprimento exterior de normas, mas o encontro com Deus" (BÖH 2013, p. 116). A essência do cristianismo é Cristo e seu amor. Amor a Deus. Amor ao outro.

O cristianismo é uma religião mística. Jesus foi um místico por excelência. Fez a experiência de Deus com *Abba*. Paulo, na Carta aos Gálatas, recorda a experiência de Jesus de chamar Abba, Pai, isto é, meu querido Paizinho. Eis o texto: "A prova de que sois filhos é que Deus enviou a vossos corações o Espírito de seu Filho, que clama: Abba, Pai! Portanto já não és escravo, mas filho. E, se és filho, então também herdeiro por Deus" (Gl 4,6-7). A mística é, pois, uma atitude existencial, uma certa maneira de ser em profundidade. Não é propriedade de nenhuma religião, de nenhuma Igreja. Urge redescobrir as nascentes místicas do cristianismo.

Com isso, o cristianismo não precisa importar nenhuma outra mística, pois, desde suas origens, o elemento místico está presente. Basta olhar para Jesus e seus seguidores para perceber como eles estavam impregnados de uma mística do contemplar, do caminhar de olhos abertos e da unidade com o Pai. José Toletino Mendonça assegura que "a mística de olhos abertos não se dirige a um Deus distante: ela vive na consciência de estar continuamente diante dele" (MENDONÇA, 2014, p. 39). E para dar ênfase, ratificamos que uma mística de olhos abertos não se volta para um Deus distante, mas vive conscientemente diante dele para fazer sua vontade. Thomas Merton, ciente de que sua vida consistia em fazer a vontade de Deus, rezava: "Deixai-me descansar em vossa vontade e permanecer em silêncio. Então a luz de vossa alegria aquecerá minha vida" (MERTON, 1954, p. 91).

O teólogo dominicano Albert Nolan (1934), em sua obra *Jesus hoje*, faz uma afirmação pertinente sobre a mística de Jesus de Nazaré. Ele expõe de forma direta e segura:

> Jesus era um místico. "Mística" não é uma palavra bíblica, mas exprime muito bem a experiência que os profetas bíblicos parecem ter tido. Os escritos dos místicos podem ajudar-nos a interpretar as experiências religiosas dos profetas e, de modo particular, a experiência excepcionalmente profunda de comunhão com Deus que teve Jesus. Todos os místicos se referem a uma experiência de união ou comunhão com Deus (NOLAN, 2013, p. 109).

Os profetas foram místicos ou os místicos foram profetas? Se a mística provém de mistério, não resta dúvida que os profetas foram homens e mulheres que circularam pela trilha do Mistério. Na história do cristianismo e em outras religiões, os místicos exerceram a profecia com sua dupla face: anúncio e denúncia. O profeta-místico é um homem comprometido com a justiça. Por isso anuncia com todas as forças a vitória da vida sobre a morte. O místico-profeta faz de seu testemunho um anúncio e, ao mesmo tempo, uma denúncia de tudo aquilo que fere a dignidade da vida. O profeta-místico vive integralmente a experiência de intimidade, união e comunhão com Javé, o Deus libertador.

McGinn não tem um conceito definido da mística, mas oferece um sentido de como ele a entende: "como parte ou elemento da religião". Com isso ele deixa transparecer que a mística faz parte intrinsecamente da religião. Ele é categórico em dizer:

> Nenhum místico (pelos menos antes do século presente) acreditava em ou praticava "mística". Eles acreditavam em e praticavam cristianismo (ou judaísmo, ou hinduísmo ou o islã), ou seja, em religiões que continham elementos místicos como parte de um todo histórico mais vasto (Ibidem, p. 16-17).

Dessa forma, a mística não é mérito apenas da tradição cristã. Todas as tradições religiosas apontam para o mistério. Se não indicam o caminho do mistério distorcem sua função primordial de ser ponte que dá acesso ao mistério frontal, o qual recebe muitos nomes: Deus, Javé, Alá, Olorum etc.

Mas é possível relacionar mística e religião? É sabido que "cada religião possui sua identidade e seu jeito próprio de dizer a experiência mística [...] Por isso as religiões não podem ser dogmáticas e sistemas fechados" (BOFF, 2009, p. 55). Uma religião sem mística não passa de pura ideologia dominante. E, frequentemente, pode cair no fundamentalismo e no fanatismo. Deus não é propriedade de nenhuma religião. Ninguém o pode monopolizar.

Nenhum líder, por melhor que ele seja, tem o direito de se apossar da religião como se essa fosse sua empresa. Quando isso acontece, a mística desaparece e ficam apenas os modismos religiosos, pois "as religiões constituem uma das construções de maior excelência do ser humano. Elas todas trabalham com o divino, com o sagrado, com o espiritual. Mas elas não são o espiritual. Espiritualidade é outra coisa" (BOFF, 2009, p. 19). Por conseguinte, a mística sempre foi considerada como a busca pelo caminho interior que conduz ao encontro pessoal com Deus.

Jäger, em suas palavras, expressa-se dizendo: "Às vezes, tenho a impressão de que a mística é a salvação da religião. [...] A religião sempre se renova por meio da experiência dos sábios e dos místicos" (JÄGER, 2009, p. 09). Nos dias de hoje, há ausência da mística no seio das religiões? Sabe-se, sem embargo, que a mística desempenha um papel fundamental no seio da religião, possuindo um dinamismo renovador nela. Por consequência, a religião jamais pode aprisionar a mística entre quatro paredes.

Qual seria uma das contribuições dos místicos para as religiões e suas respectivas doutrinas? Para Borau (2002, p. 26), "os místicos são a salvaguarda viva que impede as religiões e as doutrinas de caírem no dualismo, na alteridade, no formalismo, no dogmatismo, no fideísmo ou na idolatria". Ou seja, os místicos dinamizam o interior das religiões. Sem a presença destes, as religiões ficam ressequidas. Deste modo, corroborando, ousa-se afirmar que a mística é a libertação de um sistema religioso fechado em si mesmo.

Diante disso, acredita-se que uma religião que não cria espaço para o florescimento da mística está preparando o caminho do próprio desaparecimento. Sem a mística a religião se torna estéril e morre asfixiada pelo formalismo, pelo dogmatismo e pela lei: "olho por olho e dente por dente". Vale dizer que o místico é alguém que está para além dos dogmas de uma determinada religião. É alguém que mergulha no entendimento do todo, na união com Deus, mas sem abandonar a vida ativa.

Em vista disso, é somente em Jesus Cristo, morto e ressuscitado, que está centrado o fundamento último da mística cristã desde sempre. É, pois, relevante que "não esqueçamos que a experiência mística máxima, no limite do mistério, é a que Jesus vive no abandono da Cruz. E também muitos místicos que, tal como Ele, transformam a dor em amor" (BORAU, 2002, p. 131).

Na obra *Ser finito e ser eterno*, da filósofa judia Edith Stein (Santa Teresa Benedita da Cruz), aparece: "O que cumpre a vontade de Deus aprende a conhecer o Espírito Divino, a vida divina, o amor divino; e tudo isto não é outra coisa senão o próprio Deus. Com efeito, ao realizar com a entrega mais profunda o que Deus exige dele, a vida divina faz-se sua própria vida interior: encontra Deus em si mesmo, quando entra em si".

Em suma, cumprir a vontade de Deus significa conhecer sua própria vida interior. Com outras palavras, fazer a vontade de Deus é trilhar os caminhos do Divino Espírito, que sonda as profundezas da alma. Assim, entregar-se à vontade de Deus é não mais fazer o que quero, mas o que Deus quer de mim, uma vez que Ele mora no mais íntimo de meu ser. O místico de olhos abertos está sempre atento em fazer a vontade de Deus em primeiro lugar.

2

A mística do despertar interior

Cada manhã abrir os olhos para
ver, olhar, contemplar e caminhar.
Abraçar o mistério da vida desperta
é milagre! É êxtase! É maravilha!

Thomas Merton, monge, escritor e místico do século XX escreveu na obra *Novas sementes de contemplação:* "Não somos nós que escolhemos despertar-nos; é Deus que escolhe nos despertar" (MERTON, 2001, p. 12). Merton sabe que o despertar é graça de Deus agindo no ser humano. Não existe uma técnica para que aconteça o despertar interior. O despertar místico é uma iniciativa de Deus que conta com a resposta livre e gratuita da pessoa.

A vida de comunhão com Deus começa com um despertar. O despertar místico é uma iniciativa de Deus, que conta com a resposta livre e gratuita da pessoa. Esse despertar, revivificação ou avivamento – como alguns chamam –, é, na verdade, a Graça de Deus agindo na história de cada pessoa. De maneira que não há uma técnica para que aconteça o despertar interior.

O teólogo jesuíta Karl Rahner (1904-1984) vai mais longe ao afirmar que *"o cristianismo do século XXI será místico ou desaparecerá"*, pois místico quer dizer alguém que fez a experiência pessoal do mistério de Deus em sua vida; *é alguém que despertou para a realidade do mistério.*

A mística é experiência de um despertar interior que se prolonga em uma atitude de amor e compaixão por todos os seres vivos. No cristianismo, a história da mística começa com Jesus de Nazaré. Ele viveu profundamente a unidade do mistério com seu ABBA, Pai. Ele viveu profundamente a mística do amor e da unidade. O Evangelho místico, isto é, o quarto Evangelho traduz essa experiência com estas palavras: "Para que todos sejam um, como tu, Pai, estás em mim e eu em ti" (Jo 17,21). Jesus viveu movido pela mística do amor e da unidade.

Como compreender hoje que a vida espiritual é uma questão de estar desperto? Em seu tratado sobre a meditação, intitulado *Na liberdade da solidão,* Merton diz que: "A vida espiritual é, portanto, em primeiro lugar, uma questão de estar desperto" (MERTON, 2001, p. 40). Como monge cisterciense, ele sabia que nossa interioridade deve estar sempre desperta para acolher as novidades do Espírito que vem ao encontro do ser.

A oração e meditação são caminhos para manter a vida espiritual sempre desperta. A vida espiritual para Merton consiste especialmente em viver desperto, ou melhor, em viver acordado. Na Carta aos cristãos de Éfeso, Paulo adverte-os dizendo: "É por isso que se diz: 'Desperte, você que está dormindo. Levante-se dentre os mortos, e Cristo o iluminará'" (Ef 5,15). A vida interior não é sonolência e muito menos alienação da realidade. Segundo a teologia mística de Thomas Merton, pode-se dizer que quem está desperto possui vida espiritual.

1. A mística é andar com os olhos abertos

Quem ainda não despertou para a vida, para a realidade, para o mundo a seu redor ainda não possui uma vida espiritual. Quem está desperto é capaz de olhar para o sofrimento do mundo e sentir-se indignado diante da opressão e da injustiça contra os pobres e oprimidos. A palavra que mais expressa o sentido da contemplação na ação para Merton é compaixão. Quem está desperto se compadece.

Qual o significado da mística do despertar? Anthony de Mello responde de forma direta: "Significa estar alerta. Ser alerta. Atento. Ouvir com uma espécie de mente nova. Também não é fácil ouvir com uma mente nova, sem preconceitos, sem fórmulas fixas" (MELLO, 2014, p. 14). O místico é um ser humano que vive acordado, desperto e totalmente no presente, pois: "Os primeiros Padres da Igreja, frequentemente, compreenderam a espiritualidade como despertar. [...] A vida espiritual significa: despertar, viver atentamente, andar pelo mundo com os olhos abertos" (GRÜN; MÜLLER, 2012, p. 224). Com isso, percebe-se que a vida espiritual é: um constante despertar; é viver atento no aqui e agora; é andar sentindo os próprios pés tocando a terra; sem a anestesia e a alienação da religião.

Ela provoca um impulso positivo em direção a uma vida mais consciente. Ela mantém o ser humano em estado constante de alerta. O despertar é viver uma coisa de cada vez; é perceber que o momento presente é mais importante que o passado. Estar desperto é estar todo inteiro no presente. Quando estamos despertos, a vida flui com mais intensidade, percebemos as coisas em seus mínimos detalhes. Quando não estamos despertos fazemos as coisas de qualquer jeito. Não temos a perspicácia para perceber a beleza das coisas e a sensibilidade que a revestem.

A mística do despertar é uma mística para ser vivida no tempo presente e como presente de Deus. Por isso Jesus alerta: "Prestem atenção! Não fiquem dormindo, porque vocês não sabem quando vai ser o momento" (Mc 13,33). Assim, a mística do despertar é uma das noções espirituais mais importantes da atualidade. Os grandes mestres espirituais de todos os tempos exortam para a vigilância e para o zelo.

Thich Nhat Hanh, escritor e Mestre Zen, em seus escritos de espiritualidade, sintetiza o ensinamento essencial do budismo assim: "Perceber o despertar significa chegar a uma percepção profunda e plena da realidade que está no momento presente" (HANH, 2010, p. 58-59). Muitas pessoas vivem no passado. Outras vivem no futuro. E outras procuram viver no presente. A mística é uma percepção profunda e plena da realidade nos ensinamentos do mestre vietnamita.

O que caracteriza a mística para Hanh é a percepção profunda e plena do agora. Sem essa percepção profunda e plena a pessoa ainda não chegou a um estado desperto. A realidade não está fora do ser humano, ela está no momento presente. A realidade pode ser vista e vivida no agora, neste instante de graça, que me é concedido viver. Na Carta aos Hebreus, está escrito: "Vigiem para que ninguém abandone a graça de Deus" (Hb 12,15). Percepção profunda e plena significa ver as coisas como elas realmente são, sem distorcê-las com julgamentos e preconceitos. Essa percepção profunda e plena não se refere somente à realidade enquanto tal, ela diz respeito também à maneira como percebo e vivo minha vida.

Essa percepção profunda e plena me faz olhar para dentro de mim mesmo e me perguntar: tenho consciência profunda e plena de minha existência neste exato momento que estou vivendo? Consigo perceber a dimensão profunda e plena da vida que clama para continuar existindo dentro e fora de mim? Portanto a mística do despertar para Thich Nhat Hanh é olhar o mundo, a vida, a realidade a partir de uma nova percepção, em que profundidade e plenitude se entrelaçam.

Monja Coen, missionária oficial da tradição Soto Shu Zen-budismo, compreende que a mística do despertar é um caminho para a felicidade. Em suas *Reflexões sobre o instante e o caminho*, diz: "Não ponha a felicidade para fora. Não expulse com gritos e com ódio. Não enterre a felicidade nos vícios e nos excessos. Felicidade é macia, leve. Para ser feliz é preciso despertar" (COEN, 2004, p. 33). A condição para ser feliz é o despertar interior e exterior. A condição para realizar os sonhos e projetos é acordar, é estar sempre alerta. O filósofo, escritor e poeta Paul Valéry afirma: "A melhor maneira de realizar seus sonhos é acordar". A realização plena da vida acontece mediante o despertar todos os sentidos para a vida. Para ser plenamente feliz é necessário despertar.

Quantas pessoas andam em busca da felicidade nos vícios das drogas, do sexo sem compromisso, nas apostas de jogos etc. Porém não sabem que caminho trilhar porque ainda não despertaram para a vida. Todos querem ser felizes, mas muitos não se dão conta que para ser feliz é necessário estar atento, ou seja, desperto. A felicidade é macia e deve ser buscada na leveza do espírito. Quer ser feliz? A condição é despertar os sentidos: visão, audição, paladar, tato e olfato. Despertar os anseios da alma! Na atitude do despertar, está a felicidade. Esse despertar, do qual fala a Monja Coen, é uma atitude tanto interior quanto exterior. Para ela só é feliz quem vence o estado de sonolência, isto é, de alienação. Só se encontra a verdadeira felicidade quando desperta-se para o real.

O poeta e místico indiano Rabindranath Tagore, Prêmio Nobel da literatura de 1913, fala do despertar místico de forma leve e poética. Tagore diz: "Adormeci e sonhei que a vida era alegria; despertei e vi que a vida era serviço; servi e vi que o serviço era alegria". Na mística, poesia e mistério se entrelaçam em um abraço de sonho, alegria e serviço.

2. Despertar é uma graça

Para o teólogo e filósofo Jean-Yves Lelup (1950), "a graça do despertar não depende de nós. Podemos criar as melhores disposições, mas a graça não depende apenas de nosso trabalho" (LELUP, 2010, p. 122). A graça de despertar independe do querer humano. Lelup concebe o despertar como graça de Deus. O pesquisador, supervisor de pesquisas da Universidade de Cambridge e mestre espiritual Eckhart Tolle (1948) diz:

> O despertar é um instante especial de graça. Captar a graça com todos os sentidos é uma experiência mística. A iniciação do despertar é um ato de graça. Não podemos fazer com que ela aconteça, nem nos preparar para ela, nem acumular méritos para alcançá-la (TOLLE, 2007, p. 224).

Em última análise, o despertar é ação divina irrompendo na condição humana. A linguagem poética captou também o profundo sentido da mística. Na obra *Sermões Alemães,* do Mestre Eckhart, em sua introdução, encontra-se um poema indiano no qual aparecem claramente quatro níveis do despertar: pedra, planta, animal e homem. O poeta diz:

Deus dorme na pedra
Respira na planta
Sonha no animal
E desperta no homem.

Na Carta aos Filipenses São Paulo, diz: "De fato, é Deus quem desperta em vocês a vontade e a ação conforme sua benevolência" (Fl 2,13). Antes mesmo de a pessoa tomar a iniciativa de despertar, Deus, em sua bondade, já tomou a liberdade. Ele a desperta por primeiro; toca seu escolhido com a suavidade de suas mãos. Pois Ele colocou em cada coração o desejo de despertar para sua divina presença. É o despertar do mistério da graça de Deus sobre o absurdo da condição humana. Paulo sabe por experiência que a vontade e a ação são sempre iniciativa de Deus. Deus em sua benevolência desperta em nosso coração a vontade e o agir.

Há um belo texto de Avadhuta Gita, que diz:

> Na verdade, esse processo que a gente chama de Despertar, poderia ser chamado de outra coisa: Recobrar a capacidade de se maravilhar diante da vida, recobrar a capacidade de se espantar diante da vida. Mais do que isso, de se espantar diante de você mesmo, recobrar a visão da Beleza e da Maravilha que você mesmo É.[8]

Despertar é pura beleza diante da manifestação divina. Despertar é redescobrir o sentido da vida. É a arte de ficar encantado com a beleza esplêndida do universo. Despertar é a capacidade do espanto diante de uma vida que nasce. Despertar em uma palavra é "ver". Ver o mundo como es-

[8] http://palavraseessencias.blogspot.com.br

paço, teatro, palco onde a vida é ensaiada, rezada e celebrada com fé, arte e encantamento. Contudo, nas palavras de Tolle, "com a graça do despertar, vem a responsabilidade. Temos a opção de continuar em frente como se nada tivesse ocorrido ou ver a importância disso e reconhecer o despertar da consciência como a coisa mais importante que *pode* nos acontecer" (TOLLE, 2007, p. 225). A humanidade, destarte, ainda vive em um estado de sonolência. Essa sonolência não permite ao ser humano enxergar com nitidez a realidade da fome, da miséria e da exploração em que vivem milhares de pessoas.

Em nome do progresso se mutila o futuro de crianças, jovens, idosos e do próprio planeta Terra. Até quando o ser humano viverá desalinhado do propósito interior e exterior de criar um mundo mais unificado com todas as coisas?

Para Tolle, a "ação desperta é o alinhamento de nosso propósito exterior – o que fazemos – com nosso propósito interior – despertarmos e nos mantermos despertos. Por meio dela entramos no estado de unificação com o propósito que sai do universo" (Ibidem, p. 252). Quando despertamos entramos em um estado de unificação tanto interior quanto exterior.

Não basta despertar, é preciso manter-se desperto. Na ação desperta nos sentimos unificados com nós mesmos, com as outras pessoas e com todo o universo. O apóstolo Paulo, escrevendo para os romanos, exorta-os dizendo: "Comportem-se dessa maneira, principalmente porque vocês conhecem o tempo, e já é hora de vocês acordarem: nossa salvação está mais próxima do que quando começamos a acreditar. A noite vai avançada, e o dia está próximo. Deixemos, portanto, as obras das trevas e vistamos as armas da luz" (Rm 13,11-12).

O franciscano Inácio Larranãga (1928-2013), grande conhecedor das sutilezas do espírito, diz, de forma poética, que o "Despertar é o primeiro passo para 'salvar-se'. O ser humano sofre por estar adormecido". O que significa dizer: despertar para "salvar-se"? Larranãga não está falando em primeiro lugar de uma salvação escatológica, isto é, após a morte. Mas da salvação como vida plena no aqui e agora. Despertar é o primeiro passo em direção à salvação integral no hoje da história. Enquanto o ser humano permanecer adormecido ele continuará sofrendo.

A condição para salvar-se é despertar no momento presente para as coisas simples da vida, é levantar-se. A salvação, a vida em plenitude dependem do despertar. Você quer salvar-se? Desperte! Acorde!

No livro clássico de espiritualidade a *Imitação de Cristo* encontram-se estas palavras que expressam com profundidade a mística da vigilância, ou melhor, do despertar espiritual. Thomas de Kempis (1380-1461) escreve: "Sê vigilante e fervoroso no serviço de Deus e pensa, amiúde, no fim a que vieste e por que deixaste o mundo. Não foi, porventura, para viveres para Deus, fazendo-te homem espiritual?" (KEMPIS, 1976, p. 98-99). Aqui está um conselho, uma exortação para aquele que pretende trilhar o caminho da mística: sê vigilante e fervoroso. Não basta querer servir a Deus. Para viver tão somente existe as exigências.

O místico, sendo vigilante e fervoroso, amará sempre mais a Deus e as pessoas a seu redor. No livro do Apocalipse de João, encontram-se estas palavras: "Torna-te vigilante, e consolida o resto que estava para morrer, pois não achei perfeita tua conduta diante de meu Deus" (Ap 3,2). A palavra de ordem para o místico é: torna-te um homem ou uma mulher em estado de vigília contínua diante de Deus.

3. Despertar o coração para Deus

Em *História de uma alma: manuscritos autobiográficos*, Santa Teresinha do Menino Jesus, recordando seu despertar para o mundo da espiritualidade, escreve: "No entanto, se meu coração desde seu despertar não se erguera até Deus, se o mundo tivera sorrido desde minha entrada na vida, o que teria acontecido comigo?"

O despertar do coração de Teresinha foi marcante do início ao fim de sua vida terrena. Nesse despertar ela foi erguida, segurada por Deus. O despertar da infância espiritual foi decisivo. Ela recorda essa experiência como algo extraordinário. Essa lembrança do despertar do coração para Deus vem com um questionamento: o que teria acontecido comigo? Mais uma vez, fica claro que o despertar espiritual independe da pessoa e, sim, de Deus.

Frei Egídio, um dos primeiros discípulos de São Francisco, era um homem contemplativo e, dentre seus inúmeros ditos, encontra-se este: "Difícil é o caminho de vigiar o coração" (EGÍDIO, 2004, p. 1684). Essa pérola preciosa provém da mística franciscana. O Beato Frei Egídio de Assis, na simplicidade e na lúcida sabedoria, sabia que não era fácil ser vigilante. Manter o coração vigilante é meta daquele que se coloca no caminho do Cristo. Por isso ele diz: "Vigiem, portanto, porque vocês não sabem quando o dono da casa vai voltar; pode ser à tarde, à meia-noite, de madrugada ou pelo amanhecer. Se ele vier de repente, não deve encontrá-lo dormindo" (Mc 13,35-36). Vigiar em qualquer hora e lugar.

A vida interior, ou seja, a vida mística nos coloca como desafio a atenção, a vigilância. Quando atentos e vigilantes somos capazes de ver melhor, sentir e escutar melhor a Deus. José Tolentino Mendonça fala do início da vida interior como um encarar o desafio da atenção e da vigilância. Ele diz com muita simplicidade: "Ao iniciarmos este tempo de vida interior, sintamos o desafio da atenção, da vigilância, que outra coisa não é que, confiadamente, *ver melhor, sentir melhor, escutar melhor o que Deus revela em nós*" (MENDONÇA, 2012, p. 8).

O místico é aquele que vê, sente e escuta com o coração aberto. Paulo escreve aos Colossenses: "Sejam constantes na oração; que ela os mantenha vigilantes, dando graças a Deus" (Cl 4,2). A constância, a perseverança na oração mantêm o cristão sempre em uma postura de vigilância e prontidão. Permanecer em estado de vigília é algo próprio dos grandes místicos. Vigiar! Essa palavra mantém o místico no desejo ardente de união com Deus e com o cosmo.

4. O despertar representa espiritualidade

O Padre Anthony de Mello descreve a mística do despertar nestes termos:

> Despertar representa espiritualidade, porque só despertos podemos entrar na verdade e descobrir quais correntes nos impedem de atingir a liberdade. Isto é iluminação. É como o surgimento do sol no meio da noite, a luz no meio das trevas. É a alegria que se descobre a si mesma, nua de toda forma. Isto é iluminação. Místico é o homem iluminado, aquele que tudo vê com clareza, porque está desperto (MELLO, 1993, p. 9).

Como descrever uma pessoa iluminada? Uma pessoa iluminada é aquela que vê as coisas com uma profunda clareza porque está inteiramente no presente. É uma pessoa que experimentou o mistério em seu próprio ser. Vivenciou a experiência da luz e das trevas. Em meio a tudo isso, Deus conduz, guia e toma pela mão, mas sempre deixa o místico livre.

O psicólogo suíço Carl Gustav Jung (1875-1961) disse: "Quem olha para fora, sonha. Quem olha para dentro, acorda". O pensamento de Jung pode parecer contraditório, mas não é. Quem olha para fora cai no devaneio, na dispersão. Quem olha para dentro de sua alma ou de sua interioridade acorda. Olhar para dentro não tem nada de egoísmo. O místico, quanto mais olha para dentro de si mesmo, mais se torna cheio de amor e compaixão.

O místico não pode viver no sonho ou no sono. Ele é alguém que está sempre desperto para a realidade que se apresenta diante de sua existência. Na Primeira Carta de Pedro, encontram-se dois conselhos básicos para o místico cristão. Os conselhos são: a sobriedade e a vigilância. "Sede sóbrios e vigilantes! Eis que vosso adversário, o diabo, rodeia-vos como leão a rugir, procurando a quem devorar" (1Pd 5,8).

O que significa espiritualidade para Anthony de Mello? Ele próprio responde com muita clareza:

> Espiritualidade significa despertar. A maior parte das pessoas, mesmo que não o saibam, estão a dormir. Nasceram a dormir, vivem a dormir, casam-se a dormir, criam crianças a dormir, e morrem durante o sono sem nunca despertarem. Nunca chegam a perceber o encanto e a beleza disto a que chamamos existência humana[9].

---

[9] Cf. *http://verparalemdolhar.blogspot.com.br/*

A explanação de Mello parece dura, áspera, mas no fundo é a pura realidade. Muitas pessoas continuam dormindo e, talvez, nunca acordem.

Siddhārtha Gautama, o Buda, com muita propriedade, disse: "Só há um tempo em que é fundamental despertar. Esse tempo é agora". O tempo essencial para despertar e acordar é agora. Não existe outro tempo. É o tempo presente, existente.

B. Alan Wallace (1950), grande conhecedor da tradição mística oriental, na introdução de seu livro, *Despertar no sonho*, diz:

> Em todas as grandes tradições espirituais em que a meditação desempenha um papel importante, a palavra de ordem é "Desperte!" Este apelo tem repercussões na ciência da psicologia ocidental. A implicação é que ao longo de nossas vidas nós estivemos adormecidos, essencialmente sonhando. É claro que se caminharmos como sonâmbulos pela vida iremos invariavelmente tropeçar em realidades não vistas. Dadas as incertezas da vida, precisamos estar o mais despertos possível às oportunidades e aos perigos (WALLACE, 2014, p. 7).

A palavra de ordem é: desperte! O despertar era o objetivo, a meta do trabalho do padre Anthony de Mello. Ele dizia sempre: "Estar desperto é aceitar a tudo, não como lei, nem como sacrifício, e muito menos como esforço, mas por iluminação. Aceitar a tudo porque vemos as coisas com clareza, e nada nem ninguém consegue nos enganar. *É despertar para a luz*" (MELLO, 1993, p. 9). O místico aceita tudo em sua vida. Porém essa aceitação não é por obrigação ou imposição. Ele aceita por graça e iluminação. O despertar faz a pessoa ver com nitidez todas as coisas. Ninguém consegue enganar ou manipular uma pessoa desperta.

A mística do despertar é tão necessária nos dias atuais. Quanta dormência! Quanta insolência! Quanta distração! É o ser humano aprisionando seu próprio ego. Anthony de Mello, partindo de sua experiência como psicólogo, diz:

> É despertando para nossa suficiência que nós nos libertamos. A resolução de todos os nossos problemas está dentro de nós, e, se conseguirmos esse tipo de autossuficiência, seremos completamente autênticos. No entanto, enquanto não nos livramos de nossas neuroses de pessoas adormecidas, não devemos tentar mudar o mundo. Antes, temos de acordar (MELLO, 1993, p. 53).

Assim, estar todo no presente, isto é, desperto, é dever de todo cristão, de toda pessoa humana. Uma vez despertos e conscientes, tem-se a liberdade para tomar decisões acertadas, que contribuirão para o bem da humanidade.

5. A mística do instante

Onde está a vida? A vida está no instante. Perder o instante é perder o sentido da vida. Voltar de todo o coração para o presente, isto é, para o instante, é estar em contato pleno com a densidade da vida. Santa Teresinha do Menino Jesus viveu profundamente essa experiência de estar toda inteira no presente e para o presente. Ela escreveu de forma poética em seu diário: "A minha vida é um só dia que me escapa e me foge. Tu sabes, ó meu Deus! Para amar-te na terra só tenho o dia de hoje!" (Apud. MENDONÇA, 2014, p. 47).

A vida é somente um instante. Não pode ser desperdiçada com o banal. A vida é uma hora passageira. É uma questão de minutos e segundos. Para amar resta apenas o hoje, o instante sagrado.

A mística do instante, do momento presente, é uma mística da inteireza, da atenção generosa e cuidadosa. É uma mística humanizadora. José Tolentino, que cunhou esse termo, ressalta: "A mística do instante pede para tomarmos (mais) a sério nossa humanidade como narrativa de Deus que vive neste mundo" (MENDONÇA, 2014, p. 33).

Na mística do instante, está contido um pedido muito especial: que o ser humano leve mais a sério sua humanidade como uma história de Deus que vive neste mundo, ou seja, que vive próximo dos seres humanos. Ele que é Emanuel: Deus conosco (Mt 1,23). A mística do instante convida a perceber a humanidade como narrativa que Deus escreve na alma de cada ser humano.

José Tolentino Mendonça, na obra *A mística do instante*, faz uma bela afirmação: "A mística do instante é uma declaração de amor à vida e um empenho na construção de um futuro comum" (MENDONÇA, 2014, p. 40). A mística do instante, por ser uma mística dos sentidos, é uma declaração de amor à vida e, por outro lado, é um empenho de todas as forças na construção de um futuro mais saudável para a casa comum, o planeta Terra, comunidade de vida.

Assim, a mística do instante é uma nobre declaração à vida, mas, por outro lado, é engajamento de todas as energias na construção de um mundo de paz, justiça, igualdade e fraternidade. A mística não tem nada de romantismo cego.

3

As bases da Teologia Mística

O mistério da criação está no visível
que eu não consigo
ver, ouvir, tocar, cheirar, saborear.
Aguçar os sentidos: eis o segredo da mística.

1. Definição

O que é Teologia Mística? Antes de fazer qualquer comentário é preciso definir o vocábulo Teologia. O termo "teologia" compõe-se etimologicamente de dois termos que lhe definem a natureza: Theós + = Deus + ciência. No centro está Deus, seu objeto principal (LIBANIO; MURAD, 1996, p. 58).

Assim, pode-se dizer que Teologia Mística é o estudo, a ciência que busca compreender Deus e seu mistério inefável. O teólogo ortodoxo Olivier Clément (1921-2009), em um estudo abrangente dos místicos cristãos dos primeiros séculos, afirma que:

> Oração e teologia são inseparáveis. A verdadeira teologia é adoração da inteligência. Elucida o mo-

> vimento da oração, mas só a oração pode dar-lhe o fervor do Espírito. A teologia é luz, a oração é fogo. Sua união exprime a união da inteligência e do coração. Mas a inteligência deve "repousar" no coração, e a teologia deve superar-se no amor (CLÉMENT, 2003, p. 169).

Oração e teologia não se separam. O mesmo se pode dizer da mística e teologia, que são inseparáveis. Teologia é luz, a mística é mistério. Teologia é fé e razão. Mística, por sua vez, é experiência e iluminação. A verdadeira teologia é aquela que é rezada à luz do mistério trinitário, isto é, do Deus Uno e Trino.

O teólogo jesuíta Hans Urs Von Balthasar (1905-1988) falava de uma "teologia genuflexa" ou uma teologia feita de joelhos. O monge e místico beneditino, Bede Griffiths, é uma testemunha da teologia rezada. Com grande simplicidade, ele resume sua experiência ao dizer: "Deus me deixou de joelhos e me fez reconhecer meu próprio nada, e com esse conhecimento eu renasci. Eu não era mais o centro de minha vida e, portanto, podia ver Deus em tudo". Quando Deus passa a ser o centro, a esfera central da vida do místico, em tudo ele vê a presença de Deus.

Hoje, urge uma teologia mística rezada, orada, meditada, ou seja, que nasça da experiência de inculturação do evangelho. Somente uma teologia nesses moldes poderá compreender a essência da vida mística. Para Frei Betto "a oração é o hábito que nutre a mística". Essa forma de fazer teologia encontramos em muitos teólogos cristãos. Um exemplo é o teólogo e mártir luterano, Dietrich Bonhoeffer, em meio aos horrores da Segunda Guerra Mundial, preso em sua cela, ora: "Deus, recolhe meus pensamentos para contigo. Junto de ti a luz, tu não me esqueces. Junto de ti a ajuda, junto de ti a paciência. Não entendo teus caminhos, mas tu conheces o caminho para mim" (Apud, CAVALLERI, 2019, p. 17). O místico vive da confiança e na confiança.

2. Teólogos místicos

A mística cristã sempre bebeu da fonte da oração. Santo Tomás de Aquino, teólogo, filósofo e místico medieval, assim rezava: "Concede-me, Senhor Deus, um coração vigilante, que nenhuma curiosidade o afaste de ti; nobre, que nenhuma influência indigna o torne vil; reto, que nenhuma intenção perverta e desvie; firme, que nenhuma tribulação o enfraqueça; que nenhum afeto violento o domine". O Doctor Angelicus poderia ter pedido muitas coisas a Deus, porém ele pede um coração vigilante e sempre atento.

Tomás de Aquino (1225-1274) pede um coração desperto, pois tendo um coração desperto nada o afastará de seu propósito e de Deus. Nesse sentido, o Apóstolo Paulo exorta os cristãos dizendo: "Vigiai, permanecei firmes na fé, sede corajosos, sede fortes! Fazei tudo na caridade" (1Cor 16,13). Não basta só vigiar, é necessário permanecer na firmeza e na fortaleza da fé. Acima de tudo, fazer tudo na caridade, isto é, no amor. O místico faz tudo por amor, com amor e no amor. Ele vive desse amor que faz seu coração gritar, saltar e dançar de alegria.

Agostinho (354-430), bispo de Hipona, traduz seu despertar espiritual em forma de súplica. Suas palavras estão imbuídas do espírito da oração suplicante. Assim ele reza: "Vamos, Senhor, age, desperta-nos, convoca-nos, inflama-nos e arrebata-nos, enche-nos de fogo e doçura. Amemos! Corramos!" O Doutor da Igreja entende o despertar como uma iniciativa do próprio Senhor. Agostinho pede que Deus manifeste a ação dele em sua própria vida. Nessa oração ele faz seus sinceros pedidos ao Senhor Deus: "Age, desperta-nos, convoca-nos, inflama-nos e arrebata-nos, enche-nos de fogo e doçura". Esse é o caminho da transformação espiritual, mística que Agostinho deseja trilhar. O que ele pede é desejo de sua alma, que está em constante busca de quietude e paz.

O grande teólogo e filósofo franciscano da Idade Média, São Boaventura Bagnoregio (1221-1274), apresenta uma mística receptiva e atenta ao sagrado. Ele reza e, ao mesmo tempo, exorta: "Abre, pois, os olhos e inclina o ouvido de teu espírito, desata teus lábios e dispõe teu coração para que, em todas as criaturas, vejas, ouças, louves e ames a teu Deus, se não quiseres que todo o universo se levante contra ti". Isso lembra o Apóstolo Paulo exortando os cristãos: "Vigiai, portanto, lembrados de que, durante três anos, dia e noite, não cessei de admoestar com lágrimas a cada um de vós" (At 20,31).

O Doutor Seráfico ao lembrar que o místico Dionísio, o Areopagita, em sua *Teologia Mística,* começa com uma oração em seu *Itinerário da mente para Deus,* convida também a trilhar o caminho místico com a oração: "Conduze-me, ó Senhor, em tua via, e eu caminharei em tua verdade. Alegre-se meu coração no temor de teu nome". É o Senhor quem conduz nosso contemplar e nosso caminhar. "Nossa contemplação do cosmo nos emociona", dizia o astrônomo Carl Sagan. A contemplação do cosmo, do universo leva à emoção, ao êxtase, ao encantamento.

O teólogo e filósofo ortodoxo Paul Evdokimov (1901-1970), em sua obra *O silêncio amoroso de Deus*, comenta que o monge do século III, Evágrio Pôntico, expressa bem essa reciprocidade entre a teologia e a mística. Ele afirma: "Se você é teólogo, você de fato irá orar; e se você de fato ora, você é teólogo" (EVDOKIMOV, 2007, p. 40). O verdadeiro teólogo deve ser um homem, uma mulher de oração. Com outras palavras, faz da vida uma oração.

3. A relação entre mística e teologia

O monge beneditino, Willigis Jäger (1925-2020), é conhecido como um dos mais importantes orientadores espirituais da atualidade. Profundamente inserido na tradição místico-contemplativa do cristianismo ocidental, em seus estudos sobre mística cristã e não cristã, faz um comentário bastante crítico sobre o ensino da teologia mística hoje. Ele afirma:

> No ensino da teologia das grandes confissões, a experiência mística só é mencionada de forma superficial. No catecismo romano, com as suas 800 páginas, a palavra "mística" não aparece uma única vez. Na doutrina católica, a mística é atributo do dogmatismo; é controlada pela doutrina da fé racional e, somente quando se confronta com as conceituações abstratas desta, tem alguma chance de chegar a se expressar. Isso causou sérias dificuldades aos místicos cristãos (JÄGER, 2009, p. 22).

Até que ponto procede o descontentamento de Jäger? Não seria exagero de sua parte fazer tais afirmações? Para muitas pessoas do mundo católico a palavra "mística soa estranha". Muitos pensam logo no esoterismo ou em outras práticas não cristãs. Por outro lado, os movimentos que surgiram com a Teologia da Libertação captaram muito bem o sentido dessa palavra. Mas não resta dúvida que a mística, em pleno século XXI, ainda é objeto de desprezo e relegada ao mundo da subjetividade.

Charles André Bernard (1923), jesuíta, professor de teologia espiritual na Universidade Gregoriana de Roma e autor da obra *Teologia Mística*, diverge da posição de Willigis Jäger. E sem rodeios afirma:

> No que tange à teologia católica, o clima é relativamente sereno. Tendo a Igreja alçado à categoria de doutores alguns místicos aceitos por todos, vamos encontrar mais adesões entusiastas do que negações peremptórias. O debate, então, relaciona-se com a avaliação da experiência mística e de seus ensinamentos. Tal avaliação depende evidentemente de pressupostos doutrinais dos quais não se pode prescindir, porque a teologia se insere necessariamente num contexto cultural que compreende a filosofia, mas também todas as disciplinas que ela deve levar em consideração: problemas de linguagem, de interpretação, de expressão, de inserção sociológica (BERNARD, 2010, p. 98).

Paul Evdokimov, grande conhecedor da mística oriental, sabe perfeitamente que a teologia é mística e a vida mística é teológica. Esse é o ponto mais alto da teologia enquanto contemplação das Divinas Pessoas, Pai e Filho, e Espírito Santo. Evdokimov escreve:

> A tradição oriental jamais distinguiu claramente entre mística e teologia, entre experiência pessoal dos mistérios divinos e o dogma confessado pela Igreja. Ela jamais conheceu divórcio entre a teologia e a espiritualidade nem a *devotio moderna*. Se a experiência mística vive o conteúdo da fé comum, a teologia o ordena e o sistematiza [...] A teologia é mística e a vida mística é teológica – esta é o ápice da teologia, teologia por excelência, contemplação da Trindade (EVDOKIMOV 2007, p. 39-40).

Para a carmelita e escritora Ruth Burrows (1920), a mística no sentido teológico não deve ser identificada com os estados de consciência. A mística é viver segundo o Espírito de Jesus de Nazaré. É deixar que o Espírito trabalhe nas profundezas da alma, a que somente ele tem acesso. Ruth Burrows toca em um aspecto importante da vida mística, que é a participação do cristão na vida sacramental e na oração pessoal vocal. Ela salienta:

> A vida mística, no sentido teológico, não deve ser identificada como estados específicos de consciência. É antes – como já mencionado – uma questão do Espírito Santo de Jesus trabalhar em nossas profundezas, profundezas inacessíveis a nós mesmos. O Espírito purifica-nos de tudo o que não é de Jesus e ao mesmo tempo aumenta constantemente nossa aptidão para a vida divina de Jesus. Essa vida mística é o que Deus quer para nós e nos oferece sempre, mais plenamente pelos sacramentos. Mas há também outro veículo indispensável: a oração pessoal focalizada (BURROWS, 2009, p. 60).

Em uma de suas conferências, uma pessoa perguntou diretamente a Jäger: "É a dominância do dogmatismo que, no cristianismo, corta as asas da mística ou é a teologia que predomina nos dogmas cristãos?" Willigis Jäger, sem hesitação, respondeu:

> Essa é uma pergunta de difícil resposta. Mas é um fato que, nos últimos duzentos anos, a mística não teve lugar na teologia cristã. Pelo contrário: os teólogos procediam de modo consequente a uma racionalização da fé e não queriam saber da mística, precisamente "irracional". Eles achavam que a teologia

> deveria bastar aos mesmos padrões científicos como o das ciências naturais. Isso foi e ainda continua sendo um mal-entendido. Os mestres de sabedoria de todas as religiões são unânimes em afirmar que o que lhes importa se encontra aquém de qualquer formulação conceitual e cognição racional (JÄGER, 2009, p. 23).

O monge e mestre zen é crítico e taxativo ao dizer que a mística nos últimos duzentos anos não teve lugar na teologia cristã. Os teólogos racionalizaram em demasia a fé e não se interessaram pela mística por acharem irracional, subjetiva. Os teólogos queriam equiparar a teologia aos mesmos padrões da ciência. Para os místicos, o que importa está aquém da ciência, da especulação, da teoria. O que importa é sua experiência do Absoluto.

Charles André Bernard coloca uma questão pertinente à experiência mística. Diz ele: "onde pôr o conhecimento místico?" O conhecimento místico vai permanecer no interior da fé cristã. Que fé? A fé revelada. A fé enquanto reflexão e oração, que busca o sentido da vida mística. André Bernard comenta:

> Bem entendido, a teologia cristã bebe em outras fontes. Deus revelou-se e torna viva sua Revelação por meio de uma constante intervenção no espírito de quem tem fé. Além da investigação metafísica, o teólogo tem, por conseguinte, à sua disposição a fé que lhe permite alcançar um conhecimento mais sólido e rico da realidade divina. A partir daí, onde pôr o conhecimento místico? Certamente ele permanece no interior da fé. Mas é preciso acentuar que a finalidade da fé é apenas o conhecimento de Deus que será concedido na vida eterna. Aqui está

o princípio que verifica a busca do sentido teológico da mística (BERNARD, 2010, p. 113).

Se a teologia cristã bebe de outras fontes, os místicos também alimentam seu contemplar e caminhar de outras fontes. A revelação de Deus em Jesus de Nazaré é a fonte primária do místico. Qual é, então, a finalidade da fé revelada na vida do místico cristão? Onde colocar o conhecimento místico? O conhecimento místico permanece no interior da fé vivida como dom, graça e beleza, que será plenamente consumado na feliz eternidade no seio da Trindade. O conhecimento místico de Deus provém da experiência que o místico faz ao longo de seu caminhar. Esse conhecimento não pode ser comprovado em laboratório. É fé rezada, celebrada na vida e na liturgia da Igreja.

4. O ápice da vida mística

Qual é o ápice da vida mística? "O ápice da vida mística, conforme São Simão, está no encontro pessoal com Cristo, que fala nos corações por meio do Espírito Santo" (EVDOKIMOV, 2007, p. 53). Cristo fala aos corações por meio do "Doce hóspede" da alma, como bem disse Santa Teresinha do Menino Jesus. E o Apóstolo Paulo, escrevendo aos Romanos, diz com muita sinceridade: "Vós, porém, não viveis segundo a carne, mas segundo o Espírito, se realmente o espírito de Deus habita em vós. Se alguém não possui o Espírito de Cristo, este não é dele" (Rm 8,9).

O místico vive no Espírito, do Espírito e para o Espírito. O Espírito é seu mestre, hóspede, conselheiro e amigo interior. O místico é um ser humano afinado, alinhado com as coisas do Espírito. O místico Paulo de Tarso se pergunta a respeito das coisas do Espírito: "Que farei, pois?" E ele mesmo responde: "Orarei com o espírito, mas também orarei com o entendimento; cantarei com o espírito, mas também cantarei com o entendimento (1Cor 14,15).

Thomas Merton, em "*A vida silenciosa*", escreve que "o monge é um homem chamado pelo Espírito Santo a renunciar aos cuidados, desejos e às ambições dos outros homens para dedicar toda a sua vida à procura de Deus" (MERTON, 2011, p. 11). O místico é um homem chamado, convocado pelo Espírito para viver unicamente à procura pelo Deus que salva e liberta. Na força do Espírito, Merton reza: "Que vosso fogo cresça em mim e possa eu encontrar-vos nele. Tudo está tranquilo, ó meu Deus, vossa lua brilha por sobre nossas colinas. Vosso luar brilha em minha alma escancarada quando tudo está em silêncio" (MERTON, 1954, p. 279). O coração místico é habitado pelo fogo, pelo brilho da luz e do silêncio da noite.

Segundo Charles André Bernard, os teólogos, em seu trabalho de pesquisa e estudo, devem levar em consideração a dinâmica da vida mística. Essa dinâmica tem como coreógrafo o divino Espírito. Nele a vida mística encontra sua fluidez. Bernard diz:

> Quando os teólogos examinam as instâncias de conhecimento e desejo de maneira estática, como são vividas por uma consciência adulta, seria necessário levar em conta a condição dinâmica da vida mística. Do ponto de vista cristão, Deus intervém livremente sob a sua influência a alma transforma-se e adquire disposições por meio das quais conhecimento e união com Deus são vividos numa nova condição (BERNARD, 2010, p. 102).

Para Charles André Bernard os teólogos da atualidade não devem examinar, investigar o conhecimento místico de forma estática; é necessário levar em consideração que a vida mística é dinâmica, criativa.

O místico é um crítico. E essa crítica começa consigo mesmo. Passa pelo nível interpessoal, chegando, até mesmo, ao nível propriamente dito: o nível teológico. Bernard expõe seu pensamento embasado na filosofia e na teologia. Ele evidencia sua reflexão com estas palavras:

> O místico não pode escapar de um questionamento fundamental: que relação estabelece sua experiência com sua vida de fé essencial e permanente? Consequentemente, como conceber uma relação com Deus diferente por sua modalidade da relação que assegura o exercício comum da fé? Todo místico cristão elaborou estas questões de um modo ou de outro. Nenhum jamais viveu no nível puramente empírico. Ele necessariamente passa ao plano da reflexão crítica e, de bom grado ou não, chega ao nível teológico (BERNARD, 2010, p. 107).

O místico jamais pode escapar de alguns questionamentos essenciais a sua experiência de fé. Esses questionamentos colocam o místico em um estado de permanente vigilância sobre sua peregrinação interior. Sem questionamento a vida pode parecer sem ausência de problemas, desafios e dificuldades.

Os místicos não viveram e não vivem à margem de sua existência. A pergunta pelo sentido da vida era e continua sendo uma constante na vida desses homens e dessas mulheres apaixonados por Deus. Diversos místicos passaram pela dúvida. A fé verdadeira gera dúvida. É duvidando que o místico busca solucionar sua crise de fé. Pode-se dizer que nenhum místico viveu sua experiência de modo puramente empírico. Todos se debruçaram sobre as três grandes questões: "quem sou eu, de onde vim e para onde vou". Os místicos não fugiram de seu "eu" existencial.

Charles André Bernard afirma que não basta lastimar que o esforço e a dedicação dos teólogos não tenham chegado a uma explicação mais profunda do conhecimento místico de Deus. Para o teólogo basta notar e perceber que o que está em questão é a vida de união com Deus, em que o amor é a energia vital e essencial do místico. Eis seu comentário:

> Não se deve, por conseguinte, lastimar que o esforço dos teólogos não tenha chegado a uma perfeita explicação do modo do conhecimento místico de Deus. A consequência provável foi a de reforçar o privilégio conferido ao conhecimento: foi nesta direção que se transviaram os gnósticos. Bem diferente é a lição dos místicos cristãos: sem tentar minimamente superar a ordem da fé, eles puseram-se à procura de Deus intensificando incessantemente o exercício do amor de Deus e do próximo. Que este esforço tenha sido amiúde acompanhado do dom da fé iluminada, ninguém o contesta. Simplesmente basta notar que a sua visada consciente era a da união com Deus do qual o amor é a energia essencial (BERNARD, 2010, p. 119-120).

Willigis Jäger, por sua vez, profundamente inserido na tradição místico-contemplativa do cristianismo ocidental, como também na tradição Zen japonesa Sanbō Kyōdan, destaca: "A mística cristã não se volta contra a razão, o intelecto e a mente. Muito pelo contrário, muitas místicas e muitos místicos foram, dentro de sua época, pessoas cultas.

A mística aponta apenas para o fato de que não é possível captar a realidade inteira através da razão" (JÄGER, 2009, p. 180-181). A mística não é despossuída de razão. Ela apenas sinaliza que a razão por si só não é capaz de abarcar a realidade. A mística passeia pela fronteira da razão cordial.

A teóloga brasileira Maria Clara Bingemer (1949) atesta que "a teologia, por sua vez, corre o risco de ser pura racionalidade, seca e árida, não inspirando a vida cristã" (BINGEMER, 2013, p. 316). A teologia deve sempre conjugar fé e vida, razão e coração.

Portanto a experiência mística chega a seu ápice com o encontro pessoal com Cristo, que sussurra por intermédio do Espírito Santo. Essa é uma realidade bem presente no seio do monaquismo cristão. O monge contempla e caminha trilhando sempre os caminhos do Espírito.

5. Mística e monaquismo

O que é um monge? Jean-Ives Leloup responde: "O manachós – mal traduzido por 'monge' – não é somente um celibatário, mas aquele que tende para o Um (mónos), para a unificação de todas as suas faculdades: corpo-coração-espírito" (LELOUP, 1997, p. 76). "Na tradição dos monges e místicos, isso tem o nome de *hesychia*, abertura do coração-serenidade" (BÖHM, 2013, 61). Portanto o monge só conhece um único fim, que é Deus, o único bem de sua existência. Ele é o homem que dia e noite vive radicalmente essa procura do fim último. Ele é um homem que procura incessantemente por Deus. Essa procura pelo Absoluto é assinalada pela solidão e pelo silêncio.

O monge Divo Barsotti (1914-2006), uma das figuras mais brilhantes do século passado e sensível à espiritualidade do cristianismo oriental, mostra que a mística cristã é uma mística objetiva. Com palavras claras e diretas acentua:

> A mística cristã é essencialmente objetiva, e é o monaquismo que assegura a objetividade da experiência interior, porque não separa nunca esta daquela. Quer no monaquismo fora do cristianismo, quer no monaquismo cristão, o silêncio e a solidão são meios essenciais, necessários à experiência de Deus. A vida religiosa, antes de ser conhecimento de uma doutrina, antes de ser empenho moral, é uma história. O monge não vive só a sua vida (BARSOTTI, 2009, p. 31).

Michel Meslin (1926-2010), estudando o fenômeno da mística a partir dos fundamentos de antropologia religiosa, argumenta que todo místico anseia pela união com o Absoluto. Essa união requer os meios adequados, tais como: solidão, silêncio interior e exterior e renúncia do ego. O monge procura, ardentemente, viver uma fusão total e completa com aquele que é o Amor de sua vida. Meslin sublinha:

> [...] todo místico tem consciência aguda que seu eu é o que o constitui como um ser outro e diferente daquele ao qual ele procura se unir. A individualidade é então sentida como um obstáculo à união com o Absoluto. Pois a experiência mística não tem outro sentido senão a renúncia ao ego e o vazio em si mesmo, a fim de se unir ao Outro. No entanto, é exatamente esse eu que deseja essa união com Deus e que em seguida dela fala: a relação do místico com Deus é uma relação que só pode ser individualizada, mas provisoriamente de certa forma, pois a finalidade procurada é a fusão mais total e mais completa possível (MESLIN, 2014, p. 440-441).

A solidão, o estar sozinho, a solitude conduzem o monge, o místico há uma real e verdadeira comunhão de amor com a Trindade santa. Divo, carregando na mente e no coração essa experiência, diz:

> O monge, na sua solidão, vive uma real comunhão com Deus. Deus vive uma eternidade sem tempo, uma imensidade sem lugar, mas o homem que vive no tempo se encontra realmente com Ele; desse modo em todo lugar pode acontecer o encontro; e Deus não o priva daqueles condicionamentos de sua natureza de homem, porque Deus mesmo se fez homem com ele, embora não deixando de ser Deus (BARSOTTI, 2009, p. 32).

A vida do monge é busca de Deus, e a oração é a expressão integral, quer dizer, corporal e espiritual dessa busca. Os meios para aproximar-se de Deus na oração são os seguintes: o falar, o silenciar e o escutar a Palavra. Quanto à oração pessoal ou particular, fica a critério de cada um. A oração pessoal nunca deve atrapalhar a oração em comunidade.

Para o monacato ocidental existe uma arte de viver feliz e realizado. São Bento de Núrsia, o pai dos monges, elaborou essa arte de viver feliz na Regra beneditina. "A característica essencial da espiritualidade beneditina está expressa em seu lema. Em geral é conhecida com a fórmula *ora et labora* – "reza e trabalha!" Essa, no entanto, é sua versão sintética. Por extenso é *ora et labora et lege* – "reza trabalha e lê" (BÖHM, 2013, p. 111). Esse lema não é exclusivo dos monges e das monjas. Rezar, trabalhar e ler deve fazer parte da vida das pessoas cristãs.

A vida do monge é orar, trabalhar e ler. Orar incessantemente. Trabalhar para o autossustento, a sobrevivência.

E ler o quê? Ler, sobretudo, a Sagrada Escritura, na modalidade de *Lectio Divina* A leitura orante da Palavra de Deus. Fonte e alimento da vida mística.

A vida monástica oferece condições para que o monge realize sua vocação enquanto ser humano imerso na infinita comunhão de amor com o Deus Uno Trino. "A vocação do monge se distingue até das outras vocações religiosas, pelo fato de que ele se dedica essencial e exclusivamente à busca de Deus, em lugar da busca de almas para Deus", diz Thomas Merton. A busca do monge por Deus e a busca de Deus pelo monge é um processo recíproco.

Nessa perspectiva:

> [...] a vida monástica, por isso mesmo de um modo todo especial, realiza a vocação do homem que, no conhecimento de Deus, transcende toda criatura e transcende finalmente também a si mesmo. Deus é o único e subsiste nas Pessoas do Pai, do Filho e do Espírito Santo em uma eterna e infinita comunhão de amor (BARSOTTI, 2009, p. 34).

Todo cristão tem a possibilidade de experimentar Deus em sua vida. A experiência mística não é privilégio apenas de monges, padres, freiras ou pessoas com dons excepcionais. A experiência do mistério faz parte da condição de cada cristão batizado que leva a sério a proposta de Jesus. É nessa consciência que padre Barsotti reconhece que:

> A experiência mística não é certamente privilégio do monge. Todo cristão pode e deve aspirar à união mística com Deus, em Cristo Jesus; todavia podemos dizer que o monge, mais que qualquer outro cristão, é positivamente orientado para a experiência mística por ter excluído todo fim intermediário

> no tender só para Deus. Não é, porém, por omissão que renuncia a exercer uma tarefa no mundo; na realidade, se consegue este conhecimento experimental de Deus, ele também vive uma união mais íntima com os homens em Deus, e Cristo o associa a si, na sua própria missão para a salvação do mundo (BARSOTTI, 2009, p. 36-37).

Para a pesquisadora da mística no Brasil, Maria Clara Bingemer, a mística não pode permanecer no âmbito privado, ou melhor, em um círculo fechado. Ela argumenta: "Portanto a mística não pode permanecer escondida e ignorada, se não que deve transbordar na ação qualificada que tem sua fonte na passividade aberta, disponível e iluminada pelo divino, para fazer-se ética e prática humanizantes e humanizadoras" (BINGEMER, 2013, p. 320). A mística do novo século XXI jamais pode fechar-se em si mesma, mas fazer ética, isto é, ethos: lugar, espaço, morada, casa humanizante e humanizadora. Quanto mais o místico for plenamente humano, tanto mais será plenamente divino.

No século II, Santo Irineu de Lyon afirmou: "Jesus se tornou aquilo que nós somos, a fim de que pudéssemos nos tornar aquilo que Cristo é" (ROHR, 2010, p. 57). Na humanidade de Jesus Cristo os seres humanos podem tornar-se como Cristo. A Igreja chama esse processo de *theosis*, ou melhor, a divinização do ser humano. Ser cristão é ser outro cristo no mundo. Isso é sério e desafiante, pois tem implicâncias e consequências na vida cotidiana.

Divo Barsotti acentua que no monaquismo o que deve ser reconhecido é a mística do Cristo. Ele relembra os títulos que o místico possui do Cristo: Mestre, Salvador e Esposo. Divo Barsotti chega a descrever a mística no monaquismo em termos de núpcias. Para ele Cristo é o Esposo e alma é a esposa que a ele se entrega e ele o acolhe. Barsotti, à luz da viva tradição monástica, diz:

> O monaquismo primitivo vê menos em Cristo o caminho que conduz ao Pai; a experiência mística do monge parece limitar-se a uma mística do Cristo e nela repousar. Naturalmente não negada sua humanidade, mas, sobretudo o monge o reconhece como seu Deus; Deus enquanto se comunica ao mundo. Daí os títulos que acompanham todo o conhecimento que o místico tem do Cristo: ele é o Mestre, e o monge se torna o discípulo na escola do divino Mestre; ele é o Salvador, e o místico, no sentimento do próprio pecado, a ele se entrega, implorando-lhe o perdão; e ele é o Pai, de quem o monge recebe a vida, a vida de uma nova humanidade; Cristo é o Esposo e alma do místico é a esposa que a ele se abandona e o acolhe (BARSOTTI, 2009, p. 48).

O padre Divo Barsotti vê que a experiência mística do monge parece limitar-se a uma mística do Cristo e, ao mesmo tempo, nela encontrar repouso. Logo em seguida, Barsotti volta a afirmar: "A mística, portanto, que, embora de maneira breve, devemos reconhecer ao monaquismo é a mística do Cristo" (BARSOTTI, 2009, p. 49). O foco central do monge é Cristo. Ele mantém sempre os olhos fixos em Cristo, meta única de sua vida. Levando em consideração o testemunho de Barsotti, pode-se dizer que a mística no monaquismo é uma mística cristológica. Cristo é o centro e nele o monge repousa.

Quem é o monge? É uma pessoa. É alguém que deixa para trás de si a ficção, as fantasias e todas as ilusões de uma vida de sucesso para mergulhar na fé em Cristo. Esse mergulho na fé lembra sempre o dia do batismo. O monge é aquele que mergulha profundamente no mistério trinitário. Nesse mistério ele é transformado na luz de Cristo que diz: "Eu sou a luz do mundo; quem me segue não andará nas trevas; pelo contrário, terá a luz da vida" (Jo 8,12). A mística é iluminação. Essa iluminação emana do coração do Vivente. Ele é a luz que vence as trevas. Por isso Thomas Merton diz que:

> A vida monástica é rejeição de tudo que obstrui os raios espirituais dessa misteriosa luz. O monge é alguém que deixa atrás de si a ficção e as ilusões de uma espiritualidade meramente humana, para mergulhar na fé em Cristo. A fé é a luz que o ilumina no mistério [...] A vida monástica é vida no Espírito de Cristo, vida em que o cristão se dá inteiramente ao amor de Deus que o transforma na luz de Cristo (MERTON, 2011, p. 14).

O monge é um homem da procura intensa por Deus. Nesse sentido, Merton chega a falar em termos de martírio e paraíso ou, por outro lado, de uma vida angélica e crucificada. Ele diz: "o monge, portanto, é alguém que procura tão intensamente a Deus que está pronto a morrer para poder vê-lo. Por isso é que a vida monástica é um "martírio" bem como "paraíso"; uma vida ao mesmo tempo "angelical" e "crucificada" (MERTON, 2011, p. 13). O monge tem sempre a morte diante de seus olhos.

A morte é irmã, amiga e companheira do monge. Só pode chegar ao encontro face a face com Deus quem passa pela morte. O abade Christopher Jamison, com naturalidade, diz que a morte para o monge é o último, o definitivo encontro com Deus. Ele comenta: "A vida monástica requer a remoção final do que não é essencial, para que possamos estar constantemente conscientes da presença de Deus. A morte é a remoção final e o último encontro com Deus" (JAMISON, 2009, 139). A morte para o monge é o último e definitivo encontro com Deus na feliz eternidade.

Assim, a morte não é algo assustador e aterrorizante, pois ele a tem diariamente diante de seus olhos. Quem não morre não se encontra com Deus. Viver e morrer são duas dimensões da mesma realidade do monge. Um dia tudo chega a seu fim último.

Em sua obra *Monaquismo e mística*, Divo Barsotti lança este questionamento: "Em que difere a teologia dos padres da mística dos monges?" Com o domínio que ele possuía do tema em questão, responde: "Decerto, uma coisa é a teologia especulativa, outra, a mística, mas sua distinção não poderia nunca separar uma da outra. Não pode existir mística verdadeira sem uma teologia mais ou menos elaborada" (BARSOTTI, 2009, p. 51). Para o monge Barsotti, a teologia e a mística estão indissociáveis. Uma não se separa da outra, mesmo em sua distinção. A mística necessita da teologia e a teologia da mística.

O que é teologia especulativa? É aquela que aprofunda as verdades reveladas, mostrando sua inteligibilidade, a conexão e harmonia que reinam entre elas, servindo-se da ajuda das ciências humanas. E a teologia mística? Segundo Maria Clara, "na atualidade, há igualmente uma crescente ênfase sobre a importância de se fazer teologia não somente a partir de textos, mas também de testemunhas" (BINGEMER, 2013, p. 337). Por isso a teologia não deve ficar apenas especulando a partir de textos, sejam antigos ou não. É importante também fazer teologia partindo das testemunhas, isto é, dos místicos de ontem e de hoje.

O teólogo é convidado a ler e reler a vida do místico à luz do Evangelho de Cristo. Ler sua biografia, seus escritos e, até mesmo, seu "martírio" com um novo olhar. Nesse sentido, teologia mística e teologia especulativa podem produzir um saber, que não é apenas conhecimento intelectual, mas testemunho de vida levado até as últimas consequências.

Barsotti não quer ficar no impasse da discussão, ele esclarece: "Não queremos fazer confusão. Existe um âmbito da própria teologia especulativa e um âmbito próprio da teologia mística – mas justamente a mística é uma teologia: conhecimento de Deus" (BARSOTTI, 2009, p. 100). O acento que Barsotti dá é importantíssimo para sair do impasse e, até mesmo, de uma discussão árida. A mística é uma teologia porque é conhecimento de Deus. É busca, é procura do mistério inenarrável do totalmente Outro. Mas por outro lado, não podemos esquecer que na revelação do rosto de Jesus, o Filho amado resplandece o mistério de Deus Pai-Mãe. É a mística da revelação divina na plenitude humana.

Todavia, hoje, urge recuperar uma teologia que é mais fruto da oração e da união com Deus do que raciocínio e pesquisa metodológica. Em nenhum momento, pretende-se deixar de lado a razão, a ciência, a pesquisa, o conhecimento sistemático. Mas há uma necessidade de se fazer teologia a partir da vida e, principalmente, da vida dos pobres, das mulheres, dos excluídos, dos mais vulneráveis etc.

Na expressão de Divo Barsotti, o monaquismo presta um serviço real e original à teologia mística e à teologia especulativa. Ele expõe sua posição com clareza e objetividade:

> O teólogo deve, em sua busca, salvaguardar a iniciativa de Deus; assim não pode haver uma teologia cristã verdadeiramente viva, sem que tenha uma certa relação com a experiência interior. A originali-

> dade da mística do monaquismo está nessa união e, ao mesmo tempo, na distinção existente entre teologia e mística. Nesse sentido, o monaquismo presta um serviço real à teologia mística e à teologia especulativa, pelo fato mesmo de não aceitar que elas, a mística e a teologia, estejam separadas (BARSOTTI, 2009, p. 52).

Qual é a originalidade da mística no monaquismo? Ela reside, sobretudo, na união com Deus como primado de toda experiência e, ao mesmo tempo, na clara distinção entre teologia e mística. No estudo da Patrologia, realizado pelo padre Divo Barsotti, destacam-se as maiores testemunhas da mística no monaquismo cenobítico ocidental. Sem esquecer Anselmo, Pedro Damião e Bento de Núrsia e tantos outros. Essas figuras apresentadas beberam de uma fonte profunda de silêncio, solidão, oração e contemplação. Barsotti diz:

> Bento, Gregório e Bernardo são, sem sombra de dúvida, as maiores testemunhas da mística no monaquismo e igualmente, por certo, os que mais influíram para a criação de uma teologia mística na Igreja ocidental. Não são os únicos, mas seguramente os mais fiéis a uma inspiração monástica" (BARSOTTI, 2009, p. 53).

Esses místicos foram testemunhas autênticas do que o mistério divino pode fazer na vida de um ser humano. De seu nobre testemunho foi possível instigar a criação de uma teologia da vida mística. Maria Clara Bingemer afirma com outras palavras o que Barsotti diz. Para ela, "a biografia do crente é a condição de possibilidade de uma leitura teológica da experiência mística e sua mensagem no mundo de hoje" (BINGEMER, 2013, p. 321). A biografia e o autêntico testemunho são chave de leitura e releitura teológica da experiência mística hoje. O teólogo necessita debruçar-se sobre a biografia do místico a partir de seu contexto histórico, político, social, econômico e cultural.

Todo místico vive em uma realidade situada. O verdadeiro místico não vive fora da realidade. Ele é um sábio que está sempre degustando a vida no momento presente. Por isso Barsotti diz com acerto que "a mística do monaquismo antigo era uma mística da Sabedoria" (BARSOTTI, 2009, p. 70). O místico é um sábio que dia a pós dia aprendeu a contemplar, caminhar e cuidar de sua vida e de outros.

Em Provérbios lê-se: "O sábio esconde sua sabedoria, o tolo anuncia sua ignorância". A sabedoria do místico não provém da academia, mas da experiência da vida. Isso não quer dizer que não tenham místicos intelectuais. A história mostra que muitos místicos eram homens e muitos dotados de inteligência, uma prova disso são seus inúmeros escritos. Hoje, são objeto de estudo das diversas ciências e saberes.

Maria Clara Bingemer, em sua paixão pela mística contemporânea, oferece importes reflexões teológicas sobre essa temática, que sempre tem voltado aos debates filosófico-teológicos. Ela mostra até onde a teologia em certo sentido é "obrigada" a pensar e repensar o seguimento de Jesus hoje. Todo místico cristão tem como foco central de sua meta o caminho, ou seja, o seguimento radical de Jesus Cristo. Bingemer, sem perder a precisão, isto é, o rigor teológico do seguimento de Jesus, afirma:

> A teologia é, até certo ponto, obrigada a pensar a partir do seguimento de Jesus, podendo ser chamada de teologia somente quando este seguimento define o lugar adequado de reflexão, e também quando

> a reflexão é a prática do compromisso existencial de tal seguimento (BINGEMER, 2013, p. 337).

E o caminho do monge? "O caminho do monge está no descer ao mais profundo de si, onde Deus habita" (BARSOTTI, 2009, p. 83). O caminho do monge é o caminho do seguimento de Jesus, muito bem expresso no hino cristológico citado por Paulo na Carta aos Filipenses. "Ele tinha a condição divina, mas não se apegou a sua igualdade com Deus. Pelo contrário, esvaziou-se a si mesmo, assumindo a condição de servo e tornando-se semelhante aos homens" (Fl 2,6-7). O caminho do monge, como de todo cristão batizado, é o kenótico, isto é, da *kenosis*.

O caminho do monge é o caminho da descida, do esvaziamento total. Esse esvaziamento é um despir-se de tudo que alguns místicos chamam de "morte do ego". Segundo a Regra, a vida do monge é vida na presença do Cristo. "Nada antepor ao amor de Cristo." No esvaziamento de si, do próprio ego, ele encontra Deus, objeto de sua procura e de seu desejo. Sem essa completa nudez o monge, o místico vive girando em torno do próprio umbigo, em torno de si mesmo. Com toda razão, Divo Barsotti afirma: "O monge é o homem que procura a face de Deus e é em sua procura que ele conhece e o encontra" (BARSOTTI, 2009, p. 85).

O Salmista expressa seu anseio e, ao mesmo tempo, pergunta pela face, pelo rosto de Deus: "Minha alma tem sede de Deus, do Deus vivo: e quando verei a face de Deus?" (Sl 42,3). O monge, o místico é aquele que busca dia e noite contemplar a face de Deus. Vive um estado de vigília contínuo. O místico vê a face de Deus concretamente nos excluídos e empobrecidos. Com outras palavras, naquele que é considerado descartado, invisível pelo sistema social excludente.

Para Thomas Merton, "A vida monástica não está apenas dedicada ao estudo de Cristo, ou à contemplação de Cristo, ou à imitação de Cristo. O monge procura tornar-se Cristo pela participação na paixão de Cristo" (MERTON, 2011, p. 11). Portanto o monge procura ser outro Cristo por participação no mistério da paixão, morte e ressurreição de Cristo. O que é dito sobre o monge é dito sobre o "cristão comum": ser outro Cristo no mundo.

Jean-Ives Leloup (1950), seguindo a linha de pensamento de Merton, diz: "Mas ser cristão não é apenas seguir Jesus como se fosse um mestre, um guru, é participar de Sua vida voltada para o Pai, no Espírito. [...] ser cristão é tornar-se 'Cristo', e dessa maneira viver a vida trinitária" (LELOUP, 2012, p. 46). Tudo isso é somente para o monge que vive na clausura de um mosteiro? Não. Pelo batismo, o cristão é mergulhado na vida trinitária. E ao sair desse mergulho resplandece nele a luz de Cristo, que vence as trevas, as sombras do pecado e da morte.

O tornar-se Cristo é um dever de todo aquele que tomou consciência de sua fé batismal. Ser cristão nunca foi fácil e continua não sendo. Ser cristão não é simplesmente imitar alguns aspectos da vida de Cristo, mas é participação no mistério pascal. No mistério redentivo: vida, paixão, morte e ressurreição. Essa realidade mistérica, profunda e intensa, não está destinada aos monges, aos místicos e às pessoas com dons especiais; ela está ao alcance de todos os cristãos.

Toda mística é uma autêntica vida de comunhão. É participação na vida do Verbo eterno, que veio armar sua tenda no coração da humanidade. A encarnação do Verbo é o evento primordial do cristianismo. Eis as palavras de Barsotti: "Toda mística autêntica é uma participação na vida do Verbo encarnado. Também na suprema experiência de Deus no céu, embora sendo Deus tudo em todos, com a relação das Pessoas divinas entre si, permanece a relação de cada homem com Cristo. A unidade do Cristo não elimina o 'tu' de cada pessoa criada" (BARSOTTI, 2009, p. 88). No prólogo do Evangelho místico, lê-se: "O Verbo se fez carne e habitou entre nós. E nós contemplamos sua glória: glória do Filho único do Pai, cheio de amor e fidelidade" (Jo 1,14). O Verbo encarnado na realidade do mundo é o único modelo, ou melhor, é o espelho onde o monge, o místico se vê refletido e envolvido pelo amor e pela fidelidade de Deus Pai cheio de amor e ternura.

O teólogo alemão, de confissão luterana, Jürgen Moltmann (1926), em sua obra basilar *Ética da esperança*, fala da nova mística cristã do futuro. Moltmann encerra sua obra com estas palavras:

> A nova mística cristã dedicada ao futuro desperta, com esperança em Deus, também todos os sentidos para o futuro do mundo de Deus. Quem encontrou Deus no próprio íntimo pode, esquecido de si mesmo, sair de si mesmo e se engajar, sem se perder. Quem sente em si a proximidade do Cristo ressurreto é tomado por uma alegria que abraça o mundo. Ele vê este mundo controverso e sofredor já no "resplendor matutino" de sua beleza eterna (MOLTMANN, 2012, p. 283).

Moltmann acredita que essa nova mística desperte os sentidos para o futuro do mundo, engajando-se na transformação dele. Quem encontrou Cristo ressuscitado é invadido por uma alegria que abraça o mundo na compaixão. A nova mística desperta esperança, ela tem todos os sentidos aguçados para Deus e para o outro. A nova mística é sair de si mesmo, isto é, do intimismo, e engajar-se para construir um outro mundo possível.

Em uma espécie de conclusão de seu estudo sobre a mística cristã no monaquismo ocidental, Divo Barsotti volta-se para a época dos Padres, quando não existia divórcio entre mística e teologia. Ele diz que a tarefa particular do monge e do místico deve ser a de dar à mística cristã uma ampla respiração, sem estar muito preocupado com comprovações científicas. Barsotti, nas entrelinhas, aponta para uma mística da obediência a Deus, uma mística da escuta, uma vez que a palavra obediência está ligada inseparavelmente à escuta amorosa. Ele afirma:

> A experiência mística do monaquismo nunca realizou um divórcio entre espiritualidade e teologia. Parece-nos, todavia, que seja tarefa particular do monge: dar novamente à mística cristã a ampla respiração que tinha na época dos Padres, quando a teologia não era feita de raciocínio e de prova científica, mas de obediência a Deus, que iluminava a inteligência dos Padres (BARSOTTI, 2009, p. 100-101).

Todavia deve-se assegurar que a teologia mística possui caráter objetivo. O místico é aquele que conhece Deus e comunica esse conhecimento para aqueles que com ele convivem. Assim, a mística dos Pais da Igreja é, principalmente, uma mística objetiva. O testemunho do místico não dá uma análise profunda e minuciosa da experiência, mas garante a firmeza de uma fé que conheceu experimentalmente Deus e seu mistério de amor.

Na obra *Narrativas místicas*, organizada por Maria Clara Bingemer e Marcus Reis Pinheiro, com o prefácio de Eduardo Guerreiro B. Losso, é apresentado um panorama não tão positivo da mística nos séculos XVII ao XX, com fortes repercussões no século XXI. Afirma-se:

> No século XX, a ascensão do positivismo, em especial a introdução da psiquiatria, patologizou as experiências místicas; a teologia, por sua vez, talvez por tal pressão, tornou-se cada vez mais racionalista e, por isso mesmo, reforçava sua condenação da mística. Portanto, a ciência e Igreja, do século XVII ao XIX, desqualificaram e censuraram a mística das mais diversas formas, sem dúvida porque ela ameaçava, de diferentes maneiras, o estatuto de ambas, mas tiveram de lidar com a insurreição das correntes esotéricas e espíritas que, no século XIX, tornaram-se moda, correspondendo à crise da tradição cristã e à demanda de uma religiosidade que refletisse as transformações modernas (BINGEMER; PINHEIRO, 2016, p. 12).

A patologização das experiências místicas é um resquício de séculos passados. Para a psiquiatria, a psicologia, a parapsicologia, a mística não passa de doença, isto é, distúrbio. A partir desse contexto do surgimento da ciência psicológica, a teologia se retrai e torna-se mais racionalista. Com essa atitude chega ao ponto de condenar as variadas expressões da mística. Igreja e ciência do século XVII ao XIX desqualificaram e censuraram a mística de diversas maneiras. Toda expressão mística foi considerada sintomática, isto é, doença que carece de tratamento. O místico não é um psicótico, um esquizofrênico que necessita de divã, fármaco ou algo parecido. No século XX, o místico reaparece como um contemplativo-revolucionário. Pode-se afirmar com toda segurança que o misticismo é, portanto, uma forma de conhecimento e ao mesmo tempo uma atitude contemplativa e revolucionaria em todas as religiões.

O teólogo Jesuíta, Calos G. Vallés (1925), é muito direto em sua crítica quanto ao retorno, ou melhor, a volta da mística. Ele diz: "É hora de devolver o misticismo às ruas. Sequestraram-no nos conventos em tempos de suspeitas inquisitoriais e ainda não o libertamos" (Apud CATALÁN, 2008, 9). A crítica de Vallés aponta sinais esperançosos do despertar da mística no século XXI.

Portanto é hora de devolver a mística a quem de direito. Ela não é patrimônio de nenhuma Igreja e de nenhuma religião. A mística é a expressão do mistério infinito se revelando na finitude humana. É o entrelaçar entre divino e humano acontecendo no cotidiano de cada ser. Com muita leveza e clareza, Frei Betto sintetiza o sentido da mística assim: "O que se busca não é ouvir falar de Deus, falar sobre Deus ou mesmo falar a Deus. Busca-se, sobretudo, deixar que Deus rompa o silêncio e fale no íntimo de cada um" (BETTO, 2013, p. 46). Na mística cessa-se todo discurso vazio, toda palavra oca e desprovida de sentido. Os místicos e místicas não falam tanto de Deus. Eles e elas falam com Deus. Nestes tempos de barulho e agitação nós precisamos aprender a arte da escuta amorosa e silenciosa. Deus é silêncio infinito e quer pronunciar aquela palavra única e singular no cerne do coração de cada filho, filha, que se dispõe a ouvi-lo com plena atenção.

Conclusão

Em vista das reflexões apresentadas, ficou evidente que falar da mística cristã, em pleno século XXI, é sempre um desafio, que implica investigação, cuidado, prudência e bom senso na hora de nomear a experiência do mistério que cada pessoa vai fazendo ao longo de sua existência. Mas, por outro lado, o estudo da mística fascina, instiga e contagia estudiosos dos vários campos do conhecimento humano.

Nesse sentido, pode-se dizer que a mística é algo latente nos dias atuais. Ela surge sempre para dizer que a religião não tem a última palavra sobre Deus e seu mistério; que o ser humano é um ser intrinsecamente religioso. Por isso a religião, a teologia precisam, constantemente, escutar a voz dos místicos no coração da vida cotidiana. Caso não o façam, é sinal de que a religião se tornou árida e estéril.

A mística cristã tem como centro não uma ideia, mas uma pessoa: Jesus de Nazaré. O Místico do Pai por excelência. Nele o cristão é convidado a fazer uma experiência de encontro íntimo e pessoal. Uma experiência de contemplar e caminhar rumo à transformação interior e, até mesmo, exterior. Essa experiência de encontro pessoal com Jesus Cristo no caminho do cotidiano não é exclusividade de algumas pessoas privilegiadas. A possibilidade dessa experiência é destinada ao homem e à mulher que vivem inseridos na modernidade. Muitos até podem pensar que a mística é para pessoas com "dons especiais" ou "sobrenaturais", porém essa não é a mística cristã. A mística cristã é viver a união com Deus, que leva o místico a se unir aos outros em busca de um mundo mais justo, fraterno e igualitário.

A busca pela experiência mística não é somente uma indagação por Deus, mas é também uma pergunta pela própria identidade pessoal daquele que se propõe a trilhar o caminho da experiência do sagrado. Muitos perguntam pelo ser de Deus, ou seja, por sua própria essência, mas acabam esquecendo-se de perguntar por si próprios. A mística não é uma questão puramente metafísica. A mística cristã é uma experiência de amizade profunda com Cristo e seu mistério. O místico é um amigo de Cristo; vive sua vida confrontada e iluminada pela vida de Cristo, sem deixar de estar envolvido no contexto sócio-político-cultural em que está inserido.

Assim, a teologia não deve ficar apenas especulando a partir de textos, sejam eles clássicos ou não. É importante também fazer teologia partindo das testemunhas credíveis, isto é, dos místicos e das místicas de ontem e de hoje.

Finalizamos este livro com as sábias palavras do papa Francisco: "Como muitos mestres espirituais ensinaram, o céu, a terra, o mar, cada criatura possui esta capacidade icônica ou mística de nos reconduzir ao Criador e à comunhão com a criação". Que os místicos de ontem e de hoje nos inspirem a recuperar essa capacidade icônica ou de mística de nos reconduzir à plena comunhão com o Criador e com todas as criaturas.

Posfácio

Na caminhada rumo à plenitude do Amor de Deus, encontrei dois irmãos e amigos, que comigo partilham a paixão por Cristo Jesus: Eder Vasconcelos, entregue ao evangelho, na Pequena Fraternidade Franciscana de Santa Isabel de Hungria, e Emerson Aparecido Rodrigues, meu confrade, na Ordem dos capuchinhos. Somos distantes geograficamente, mas unidos no espírito, no mesmo projeto de evangelização, no mesmo sonho de Jesus de Nazaré para que aconteça o casamento entre justiça e paz, amor e verdade, e a noiva Igreja esteja pronta para as núpcias com o cordeiro Jesus. Quando soube que esses inestancáveis irmãos franciscanos estavam dando à luz um novo livro, quis ver de perto as características deste filho. Grande foi minha alegria ao ver em seu rosto as feições de Deus, feito carne em Jesus, e em seus pés reconheci o peregrino da Galileia, que passou sua vida em busca da ovelha perdida. Este filho me abriu seu coração e dentro repousei no oceano da ternura e do abraço daquele Deus, que conosco partilha esta história sofrida, transfigurando-a com a glória de sua ressurreição e o sopro restaurador de seu Espírito.

Este livro deveria ser um vade-mécum para todos os líderes de comunidades carismáticas e sobretudo pastores das Igrejas evangélicas, que talvez ignoram as riquezas da experiência mística dentro da Igreja católica e da humanidade, para ajudar seus irmãos e irmãs a discernir se estão no caminho certo ou não, em relação a suas experiências místicas. Eder e Emerson nos ajudam a tomar consciência dos desvios em nossa experiência espiritual, introduzem-nos em um olhar amplo sobre essa temática, um olhar interreligioso, planetário e ecumênico. Ninguém deveria ficar por fora do maravilhoso segundo capítulo, em que se apresenta *A mística do despertar interior*, para ser afastado o perigo de viver e ensinar uma vivência, uma espiritualidade cristã alienada, distante de si, de Deus, dos outros, da criação.

Portanto, este livro precioso, "O contemplar e o caminhar: a mística descoberta no cotidiano", tomara que chegue às mãos de consagrados, de religiosos, de párocos, de confessores, de presbíteros, diáconos e bispos, que se torne objeto de reflexão, de meditação, de diálogo, em nossas pastorais e em nossos movimentos. Convido todos os apaixonados de Deus, de Jesus, da Igreja a ler este pequeno tratado sobre teologia mística, porque nele encontrarão em síntese a doutrina oficial da Igreja, de sua teologia e aquela luz que lhe indicará o caminho certo para uma autêntica experiência de Deus, e no rosto de Cristo, que amam, enxergarão o seu e de todos os transfigurados, e juntos serão devolvidos para mergulhar toda a humanidade e sua história, na glória da Trindade.

Minha gratidão ao irmão Eder e ao frei Emerson, que souberam, com competência, simplicidade, respeito e humildade, oferecer-nos o retrato do verdadeiro discípulo de Jesus: apaixonado de Deus e dos homens e mulheres, seus filhos e filhas.

Frei Renato Camagni, Capuchinho

Referências bibliográficas

BORAU, José Luís Vázquez. *Os místicos das religiões: a mística e o futuro da religião*. Lisboa: Paulus, 2002.

BOFF, Leonardo. *Tempo de transcendência: o ser humano como projeto infinito*. Rio de janeiro: Vozes, 2009.

BINGEMER, Maria Clara. *O mistério e o mundo. Paixão por Deus em tempo de descrença*. Rio de Janeiro, 2013.

BINGEMER; PINHEIRO. *Narrativas místicas. Antologia de textos místicos da história do cristianismo*. São Paulo: Paulus, 2016.

BERTELLI, Antônio Getúlio. *Mística e compaixão. A teologia do seguimento de Jesus em Thomas Merton*. São Paulo: Paulinas, 2008.

BARSOTTI, Divo. *Monaquismo e mística*. Juiz de Fora: Edições Subiaco, 2009.

COEN, Monja. *Viva zen. Reflexões sobre o instante e o caminho*. São Paulo: Publifolha, 2004.

CLÉMENT, Olivier. Fontes. *Os místicos cristãos dos primeiros séculos*. Textos e comentários. Juiz de Fora: Edições Subiaco, 2003.

BONHOEFFER, Dietrich. *A resposta às nossas perguntas. Reflexões sobre a Bíblia*. São Paulo, Loyola, 2008.

EVDOKIMOV, Paul. *O silêncio amoroso de Deus*. São Paulo: Santuário, 2007.

GRÜN, Anselm. *Mística: descobrir o espaço interior*. Rio de Janeiro: Vozes, 2012.

GRÜN, Anselm; MÜLLER, Wunibald. *Deus que és tu*? Rio de Janeiro: Vozes, 2012, p. 224.

GONZALES BUELTA, Benjamin. *"Ver ou perecer": Mística de olhos abertos*. São Paulo: Loyola, 2012.

JÄGER, Willigis. *A onda e o mar: Espiritualidade mística*. Rio de Janeiro: Vozes, 2009.

JAMISON, Christopher. *Encontre seu santuário. Lições de monges para a vida cotidiana*. São Paulo: Larousse, 2009.

LELUP, Jean-Yves. *O anjo como mestre interior*. Rio de Janeiro: Vozes, 2010.

_____. *O Evangelho de Tomé*. Rio de Janeiro: Vozes, 1997.

_____. *Sabedoria do Monte Atos*. Rio de Janeiro: Vozes, 2012.

_____. *O sentar e o caminhar*. Rio de Janeiro: Vozes, 2013.

MERTON, Thomas. *A sabedoria do deserto*. São Paulo: Martins Fontes, 2004.

_____. *Sementes de destruição*. Rio Janeiro: Vozes, 1996.

_____. *O homem novo*. Rio Janeiro: Vozes, 2005.

_____. *A vida silenciosa*. Rio Janeiro: Vozes, 2011.

_____. *Novas sementes de contemplação*. Rio de Janeiro: Editora Fissus, 2001.

_____. *O signo de Jonas*. São Paulo: Mérito, 1954.

MCGINN, Bernard. *As fundações da mística das origens ao século V. Tomo I. A presença de Deus: Uma história da mística cristã ocidental*. São Paulo: Paulus, 2012.

MENDONÇA. José Tolentino. *A mística do instante. O tempo e a promessa*. Portugal: Paulinas, 2014.

_____. *O tesouro escondido. Para uma busca interior*. São Paulo: Paulinas, 2012.

NOUWEN, Henri. *O Curador ferido. O ministério na sociedade contemporânea*. Prior Velho: Paulinas, 2018.

PANIKKAR, R. *Da Mística. Experiência plena da vida*. Herder, 2005.

_____. *Vita e parola. La mia opera*. Milano: Jaca Book, 2010.

_____. Ícones do *mistério: a experiência de Deus*. São Paulo: Paulinas, 2007.

BOAVENTURA, São. *Itinerário da mente para Deus*. Rio de Janeiro: Vozes, 2012.

TEIXEIRA, Faustino. *Buscadores do diálogo*. São Paulo: Paulinas, 2012.

_____. *Caminhos da mística*. São Paulo: Paulinas, 2012.

_____. *Nas teias da delicadeza: Itinerários místicos*. São Paulo: Paulinas, 2006.

VALDEZ FUENTES, Salvador. *Espiritualidade pastoral: Como supera uma pastoral sem alma?* São Paulo: Paulinas, 2008.

WALLACE, B. Alan. *Despertar no sonho. Sonhos lúcidos e Ioga Tibetana dos sonhos para insight e a transformação*. Rio de Janeiro: Vozes, 2014.

METZ, Johann-Baptist. *Mística de olhos abertos*. São Paulo: Paulus, 2013.

MESLIN, Michel. *Fundamentos de antropologia religiosa. A experiência humana do divino*. Rio de Janeiro: Vozes, 2014.

MELLO, Anthony de. *Autolibertação. Iluminação e espiritualidade*. São Paulo: Loyola, 1993.

_____. *Redescobrindo a vida. Despertar para a realidade*. Rio de Janeiro: Vozes, 2014.

MOLTMANN, Jürgen. Ética da esperança. Rio de Janeiro: Vozes, 2012.

NOLAN, Albert. *Jesus hoje. Uma espiritualidade de libertação radical*. São Paulo: Paulinas, 2013.

LIBANIO; MURAD. *Introdução à Teologia. Perfil, enfoques, tarefas*. São Paulo: Loyola, 1996.

MATOS, Henrique Cristiano José. *Estudar teologia. Iniciação e método*. Rio de Janeiro: Vozes, 2011.

HANH, Thich Nhat. *Nosso encontro com a vida. Discurso sobre viver com alegria no momento presente*. Rio de Janeiro: Vozes, 2010.

_____. *Eu busco refúgio na sangha: Um caminho espiritual*. Rio de Janeiro: Vozes, 2008.

BÖHM, Manfred. *Porque os monges vivem mais. A sabedoria dos mosteiros para o corpo, alma e espírito*. São Paulo: Paulus, 2013.

KEMPIS, Thomas de. *Imitação de Cristo*. São Paulo: Paulus, 1976.

ROHR, Richard. *A libertação do ego: a busca do verdadeiro si-mesmo*. Rio de Janeiro: Vozes, 2010.

TOLLE, Eckhart. *Despertar de uma nova consciência. Como reconhecer o verdadeiro propósito da sua vida e contribuir para a transformação do mundo*. Rio de Janeiro: Sextante, 2007.

VANNINI, Marco. *Introdução à mística*. São Paulo: Loyola, 2005.

Índice

Prefácio: Convite para uma viagem de amor........................ 5

Introdução 13

1. A mística e seus desdobramentos 17
   1. O que é mística?...18
   2. Os místicos de ontem e de hoje 25
   3. Experiência mística 29
   4. Uma mística de olhos abertos 33
   5. Mística e religião 40

2. A mística do despertar interior...47
   1. A mística é andar com os olhos abertos 49
   2. Despertar é uma graça 52
   3. Despertar o coração para Deus.......................................56
   4. O despertar representa espiritualidade 57
   5. A mística do instante..60

3. As bases da Teologia Mística 63
   1. Definição 63
   2. Teólogos místicos 65
   3. A relação entre mística e teologia 67

4. O ápice da vida mística 71
5. Mística e monaquismo 75

Conclusão 93

Posfácio 95

Referências bibliográficas 97

Este livro foi composto com as famílias tipográficas Century Schoolbook e Segoe UI
e impresso em papel Book Ivory Slim 65g/m² pela **Gráfica Santuário.**